AF281497

María del Karmel:

diálogo interior de papá con Edith Stein

Joseph Yeladim

María del Karmel: diálogo interior de papá con Edith Stein

© Joseph Yeladim

Imagen de portada: fotógrafo y músico Charles Brooks.
Stradivarius, violín de 1717.

ISBN ebook: 978-84-685-9319-7

ISBN papel: 978-84-685-9320-3

Depósito legal: M-26317-2025

Impreso en España

Editado por Bubok Publishing S.L.

ÍNDICE

PREÁMBULO
Pequeño ensayo preliminar
sobre la importancia de vivir desde el interior

Este es el camino y la función de la madre:
cada vez más retraerse, no querer hacer valer
la propia persona, sino mirar hacia la meta:
que el niño llegue a ser lo que Dios quiere de él…
cuanto más dispuesta esté a devolverlo en las manos de quien
se lo ha dado, tanto más seguro
puede esperar que le será nuevamente
regalado en un sentido nuevo, elevado y santo.

Edith Stein,
El arte materno de la educación

Los tiempos *bizarros* que vive el ser humano, instalado cómodamente en el imperio de lo efímero, inmerso en adicciones socialmente aceptadas, guerras con tribunas abiertas que encuentran espectadores gozosos de ver «gratuitamente» el dolor y la tragedia, donde se posan impávidos millares sin caer el alma en la cuenta de la complicidad que opera en su acto. La proliferación de discursos alienantes en favor de *pseudoteologías* de la prosperidad, psicologización de la espiritualidad y espiritualización de la psicología, así como peligrosos métodos o terapéuticas del bienestar que hacen creer a miles de incautos, con discursos rebosantes de lugares comunes, que en un fin de semana estarán preparados para sanar y transformarse interiormente, alejan de la verdad que nos habita.

Lo anterior amerita una comprensión de la experiencia con la vida interior; algunos investigadores escudriñan el acento que puso Edith Stein para las bases de una educación de la vida interior:

> La vida espiritual es un camino de interiorización que lleva al conocimiento de sí y a encontrar su propio 'centro', donde se siente en 'casa' y se encuentra con su libertad. El centro del alma es el centro de la libertad, este es el nuevo sentido del alma. Para el hombre, existe solo un campo de la libertad, que no coincide con toda la envergadura de su ser. El alma es el centro en un nuevo sentido [...]. El centro del alma es el lugar en el que se percibe la conciencia y el lugar de las libres decisiones[1].

Este es un ejemplo que plantea la urgencia de una propuesta que no se desligue de la religión ni se avergüence de sus raíces católicas, que desde adentro pueda trabajar con los tesoros que existen, al mejor estilo de los místicos que, al contrario de muchos pseudoprofetas de esta época, se mantienen firmes en su fe; eso sí y como decía el papa Francisco, trabajando contracorriente, de la misma manera lo expresa el Dr. Carlos Domínguez:

> El místico inquieta a la institución religiosa en la que, sin embargo, él se siente y se empeña en pertenecer. Su experiencia de Dios sobrepasa de tal modo las construcciones teológicas habituales que necesariamente cuestiona los esquemas celosamente preservados

1. Burguet, Marta (2014). «Pedagogía y espiritualidad: hacia una propuesta abierta e integradora». *Educación Social. Revista de Intervención Socioeducativa*, 56, p. 67

por la ortodoxia oficial. También el místico testimonia de modo inquietante que, para acceder a ese Otro, es obligado un despojo total de las propias mediaciones, a las que la institución, sin embargo, tiende tan fácilmente a absolutizar. Sabe que ese Otro con quien ha entrado en contacto está más allá de toda teología y de todo magisterio, pues es Dios —como dice Juan de la Cruz— *inaccesible y escondido*[2].

Una educación que centre su mirada en el interior plantea un reto que implica el conocimiento de una verdad indiscutible para los creyentes, sin relativismos y con la seguridad que la historia de la salvación cobra en cada persona un protagonismo, así lo advierte (Castro, J. 2017):

La mirada a la interioridad humana nutre de esperanza e inspira nuestra reflexión porque nos parece que reduce el peso de la incertidumbre y de la complejidad que envuelven a la educación. Incluso, creemos que puede constituirse como quicio para tejer consensos en un espacio social y político en exceso debatido. Tal vez, y por ahí caminan nuestros deseos, la atención a la interioridad sea el cauce para entusiasmar a unas comunidades educativas al límite del desencanto[3]

En Edith Stein, «El mundo interior, que aparece como «profundidad escondida», constituye una realidad más amplia que el mero ser consciente y despierto y se refiere a la subjetividad humana, pues «mi actividad libre siempre funciona sobre una base subterránea de procesos que transcurren involuntariamente» (Stein, 2005, p. 31). Y esta «base subterránea», que influye de manera directa en el desarrollo de la vida, y que es, además, fuente secreta y

---

2, Domínguez, C (2006). Experiencia Cristiana y Psicoanálisis. Ed Sal Terrae. Pág. 192

3. Castro,J (2017). Educación e interioridad. Almogaren 60, p. 150

misteriosa de la propia vida, es, al mismo tiempo, un espacio interior, una realidad profunda, acaso la realidad radical»[4]

Si la base de la educación es la plenitud de la persona, ¿por qué hay un énfasis funcionalista a las estratagemas de un sistema económico deshumanizador? El investigador Sánchez (2014) responde que «Según Stein, la chispa divina, responsable de la creación y el sentido de la vida, se ha obscurecido por los obstáculos de una educación deshumanizadora. Deshumanizadora significando cualquier actitud que aleje al ser humano de su proyecto íntimo como persona, que desconsidere tanto su subjetividad como su originalidad personal».[5]

Se puede apreciar que la educación es vista como una revelación, pero para llegar a apropiarse de este concepto se necesita de la fuerza que implica el conocimiento propio, al igual que la conciencia por parte de los formadores: profesores, padres de familia, acompañantes.

Los niños y jóvenes quieren explorar su interior, quieren conocer esa semilla y hábitat, dejarse permear con todo lo que los lleve a resolver sus enigmas interiores. Solo hace falta un método que conjugue eficazmente el aprendizaje formal con la interioridad, la vida cotidiana con el conocimiento impartido en la escuela, el saber del alma con el llamado que Dios les hace desde ya, sin esperar que sean más grandes…

El presente libro es la narración de una experiencia paterna de interioridad, que convoca a las personas a vivir desde el interior, con un llamado a detenerse, capítulo a capítu-

---

4. Sánchez, R (2014). La individualidad personal en Edith Stein. Stoa. Vol 4,Número 9. P.48
5. Ibid

lo, día a día, sin afanes ni prisas; considerarse acontecido, concernido, inundado por una presencia que está abierta a la amistad, solo hay que aprender a recibir la invitación al silencio; cerrar los ojos, escuchar las piezas musicales, sin prejuicio; en términos fenomenológicos sería exponerse a una *epoché*: desasirse, abandonar las ideas que tenemos de todo y entrar a configurar una vida cercana al misterio del otro, de lo que es en verdad; un TÚ que nos acompaña, y solo será visible con nuestra comprensión de lo que somos, y saber cómo es el otro, y navegar en su océano, juntos, yo y él, yo y tú, tú y él, ÉL y nosotros. María es una persona que vive en el vientre de su madre, como todos, es cualquiera de ustedes, es una intimidad, busca la verdad, como Edith Stein que nos acompaña, durante toda la obra, con su poética, en silencio y soledad:

Señor, ¡cuán altas son las olas,	Herr, stürmisch sind die wellen
y qué oscura la noche!	Und dunkel ist die Nacht,
¿No querrás iluminarla	willst Du die nicht erhellen
para mí que velo solitaria?	Für mich, die einsam wacht?
Mantén firme el timón,	Halt fest die Hand am Steuer,
ten confianza y quédate tranquila.	Und sei getrost und still.
Tu barca es preciosa a mis ojos,	Dein Schifflein ist mir teuer,
quiero conducirla a buen puerto.	Zum Ziel ich's lenken Will.
Aguanta sin desfallecer	Hab nur mit festen Sinnen
los ojos fijos en la brújula,	Stets auf den Kompaß Acht,
Ella ayuda a llegar al final	der hilft das Ziel gewinnen
a través de noches y tempestades.	Durch Stürme und durch Nacht.
La aguja de la brújula de a bordo	Die Nadel zittert leise

se estremece, pero se mantiene,	Und steht dan wieder still,
Ella te mostrará el cabo	daß Richtung sie dir weise,
a donde que quiero verte llegar.	Wohin die fahrt ich will
Ten confianza y quédate tranquila:	Sei drum getrost und stille:
a través de noches y tempestades	es führt durch Sturm und Nacht
la voluntad de Dios, fiel,	etreu dich Gottes wille,
te guía si tu corazón está en vela.	Wenn das Gewissen wacht.

(Traducción libre del poema "Am Steuer"
Al timón, Edith Stein, 1940)

Cristo en la tormenta en el mar de Galilea, Rembrandt, 1633

PRÓLOGO

Cuando un hombre entabla un diálogo con la vida que ha sembrado en el cuerpo de la mujer amada, descubre el útero espiritual y trascendente que lo habita.

Ese útero, fuente de sabiduría y gratitud, recoge la esencia de un encuentro íntimo y sustancial con el Creador, quien a su vez le ha permitido a ese hombre ser un creador de la vida, entendida y experimentada como un acto poético y sublime.

Por un momento, gracias a ese útero, el alma del padre y de la madre se hacen una. Solo así le es posible dialogar con la criatura y escuchar sus silencios en ese mundo oscuro, desconocido, impenetrable y rodeado de líquido amniótico, donde mora por tiempo definido; silencios que susurran el amor de quien ha entrelazado su espíritu al del Padre Celestial y se ha vestido con el poder inquebrantable de su fe.

Uno de esos silencios, cita con euforia a San Juan de la Cruz: «Véante mis ojos, pues eres lumbre de ellos, y sólo para ti quiero tenerlos».

Simultáneamente, la vida que está por nacer está enlazada a la herencia de grandes personajes católicos de la fe. Y entre un silencio y otro, se escuchan susurros de alegría, fe, resiliencia y una perseverancia incapaz de darse por vencida en la ineluctable llegada del infortunio.

Es así como el padre pasa a convertirse en un poeta de la espera. En primer lugar, la espera de quien ha engendrado, como el mejor de los jornaleros, su semilla en tierra fértil, para celebrar a Dios como hacedor magistral. En segundo lugar, la espera de quien habla con Dios y con su simiente para alimentarse de mudeces sabias.

En medio de la espera, un compendio de melodías que hacen de ese útero espiritual el deleite de un hombre que se encuentra a sí mismo mientras aprende a escuchar la sabiduría que habita en el silencio que proviene de la eternidad y del vientre.

De paso, emprende un viaje al amor infinito y puro del Hacedor, la perfección misma, quien ha elegido a ese hombre imperfecto para ser el artista que esculpirá a esa vida que pronto llegará a este mundo de tribulaciones y afanes.

Durante el periplo, descubre la belleza del «vientre-templo» donde mora la bendición de una pareja que obedece el mandato divino. El hogar de quien trae en sus ojos la misión de sanar los corazones con una mirada honesta, pura, redentora, desprovista de toda maldad.

Al cruzar el puente umbilical, admira la belleza majestuosa del «Jordán intrauterino», el río donde el feto nada en las aguas de la felicidad de la mujer que lo hospeda y el hombre que ha donado su semilla para que se haga carne, huesos, sangre, sueños, esperanzas y luz en el mundo.

Joseph Yeladim ha descrito a la perfección esta travesía reveladora en las páginas de *María del Karmel: diálogo interior de papá con Edith Stein…*, el libro de un hombre que descubre su útero intangible y encuentra en la llegada de su hija una ocasión perfecta para elogiar la bondad y la perfección de quien creó los cielos y la tierra.

Cómo no mencionar de nuevo ese útero cuando el autor se apropia de él para conversar con Dios, su padre amado, quien lo escucha atentamente; y una hija que lo impregna de una esperanza casi extinta en la sociedad convulsa en la que vivimos:

> ...y nadie sabe de las conversaciones que hemos tenido con lo eterno, y tus oídos del alma son sagrados y siguen escuchando al Creador, siguen escuchando en ecos eternos, y traes una buena noticia, una noticia fresca y cautiva de su amor.

María del Karmel es una maestra que ha llegado a la vida del autor para enseñarle a buscar en su interior un órgano que, aunque femenino, también puede habitar en el espíritu de una masculinidad, donde la conexión con el Padre Eterno es una constante.

Ella también es el enlace que reúne, en un sentido simbólico pero importante para la escritura de este texto, a Yeladim con Edith Stein, carmelita de origen judío que vivió los horrores del holocausto nazi.

Su testamento, redactado el 9 de junio de 1939, da cuenta de su preocupación e incansable plegaria por el amparo del pueblo alemán en tiempos tan aciagos:

> Ya desde ahora acepto con gozo, en completa sumisión y según su santísima voluntad, la muerte que Dios me haya destinado. Ruego al Señor que acepte mi vida y muerte... de manera que el Señor sea reconocido por los suyos y que su Reino venga con toda su magnificencia para la salvación de Alemania y la paz del mundo....

En el útero espiritual de Yeladim, Stein representa el latido incesante del corazón de quien fue capaz de abandonar la filosofía para ponerse al servicio de Dios y alumbrar la senda de una humanidad caótica, desesperada, sedienta de amor, ciega en su proceder y carente de un propósito acorde a la voluntad divina.

De forma sutil, como suelen ser las provocaciones que conducen a la búsqueda del conocimiento, el autor nos invita a investigar sobre la relación entre Stein y Edmund Husserl, su maestro universitario en la ciudad de Gotinga, cuyo concepto de «lo subjetivo» fue un peldaño importante en la escalera de su acercamiento a Dios y el fortalecimiento de su fe cristiana.

También nos lleva a devorar las páginas del ensayo *Juan de la Cruz, el místico doctor de la Iglesia, con ocasión de los cuatrocientos aniversarios de su nacimiento, 1542-1942*, que Stein escribió sobre el santo español, quien también es mencionado en este texto.

En algunos fragmentos, sin decirlo, se percibe el deseo de que María del Karmel traiga consigo el arrojo, la sapiencia, el pensamiento divergente, la vocación de servicio, el amor al prójimo y el altruismo de una mujer imprescindible para el catolicismo y la humanidad:

> ...porque Él te busca y te quiere liberar, por todos los medios, y pone todo el reino a tu disposición, como lo hace en este momento contigo, en la casa de la mujer sagrada que es tu madre; y en la noche oscura que anticipas al salir, santa Teresa Benedicta de la Cruz te llama: "¿Quién eres tú, dulce luz que me llenas e iluminas la oscuridad de mi corazón?".

Hay una redención infinita en el alma de su hija. A la par con esa libertad, la misión de ponerse al servicio de quienes la rodean. De ahí, la poesía existencial con la que Yeladim ha dado vida a su segunda obra.

Para leer este libro, es clave leer con los ojos del alma, respirar profundo, estar dispuesto a escuchar con los oídos de la sensibilidad, viajar al útero espiritual de Yeladim, enfocarse en el presente y agradecer. De lo contrario, la lectura se hará monótona, plana, carente de esa magia propia de los textos reveladores que le dan un vuelco inesperado a la cotidianidad.

Y si el lector ha seguido sus primeras huellas en el mundo literario, podrá concluir que esta obra, si bien posee la honestidad y el sentir de *Papá, amar y crear,* su obra debut, en la que entrelaza la historia del secuestro de su hermano en Tanzania con el poder transformador y sanador de la paternidad, refleja a un escritor más cuidadoso del ritmo, las imágenes, los matices y los elementos distintivos de su narración; consciente del poder de lo sonoro para adentrarse en una lectura que invita a la quietud y a escuchar nuestro propio silencio; el silencio de almas que hacen las veces de espectadoras en los monólogos de muchas existencias que tienden a olvidar su conexión profunda con el Altísimo, en la lucha incesante por cumplir las metas que la sociedad moderna ha construido sobre la felicidad, el éxito, el balance y la paz interior. Silencio que Yeladim ha escuchado a lo largo de momentos convulsos de su vida y que lo han hecho aferrarse a Dios; y le han permitido encontrar en la música una manera propia de narrar y de narrarse.

De ahí, su interés en que cada capítulo de *María del Karmel: diálogo interior de papá con Edith Stein…* posea una melodía propia. Es así como el lector se adentrará en los placenteros territorios de la música católica gregoriana, Bach, el Coro de Cámara Filarmónico de Estonia, Vivaldi, Garzón y Collazos, Carlos Gardel y Totó la Momposina.

En ese gusto tan ecléctico, Yeladim se construye, se deconstruye, se cuestiona, se desnuda y se ha encontrado a sí mismo como escritor de una prosa poética donde lo espiritual es un pilar inquebrantable de la relación entre el hombre y la vida que se hospeda en el vientre de la madre.

Ella nos invita a reflexionar sobre la oportunidad de trascender y preservar la esencia a través la procreación como la llegada a este mundo de un tercero que es la materialización de la relación con lo divino y el lazo indestructible que une a los mortales con el Ser Supremo, la fuerza creadora, el hálito vital de todo lo que existe.

En el transcurso de la lectura, puede identificarse un ligero aire ensayístico que no riñe en lo absoluto con lo poético y lo literario. Es casi como un *ménage à trois* donde cada quien cumple con lo que le corresponde. Bien podría ser esto una percepción subjetiva sin importancia alguna para quien lee.

Valdría mencionar que este libro contribuye significativamente a la consolidación de una *literatura de lo paterno* en Latinoamérica, misma que ha sentado un precedente con *Umbilical*, del argentino Andrés Neuman (Alfaguara, 2022).

Más allá de las semejanzas y diferencias en términos de redacción y estilo entre ambos, lo que prevalece es un interés en retratar las emociones masculinas dentro de la gestación con una escritura nada pretenciosa, genuina y llena de una poética que bien podría ser un referente para los nuevos escritores hispanos.

Para los hombres que serán padres pronto, el desafío es claro: atreverse a descubrir su útero espiritual. Encontrarlo para hallar allí al Dios que se busca, pero muchas veces no se oye ni se siente cercano.

Ese útero no es más que la fuente donde el hombre encuentra la luz que se requiere para emprender la odisea de formar a un ser humano que ha nacido de él.

Es urgente comprender la necesidad de construir paternidades sanas, a partir de una relación íntima y verdadera con el Ser Supremo. Darse la oportunidad de sentir ese útero y regocijarse con el amor incondicional de Dios, nuestro padre, nuestro mejor amigo, nuestro refugio en las tribulaciones.

Es así como entendemos que un hijo viene con una misión a este mundo y que esa misión impactará las vidas de otros en el momento preciso.

Yeladim lo deja en claro en el final de su obra:

> María del Karmel, tu llegada no es fin, sino conjunción eterna, donde el vientre-templo se abre al mundo como arca liberada, y la trinidad familiar, en silencio y soledad, multiplica en luz oculta, sin pensar, solo recibiendo la gracia que fluye, y que el lector, en su propio desierto, encuentre el cordón que une su historia a la tuya, eco de eternidades compartidas.

Que vengan más textos como este, que nazcan más vidas que traigan una esperanza a este caos.

Pero, sobre todo, que aparezcan en la escena literaria en español más escritores como Joseph Yeladim, capaces de entregar una poesía que siembre la fe en los corazones humanos.

Salvatore Laudicina

PRELUDIO

Para sumergirte en la experiencia de *María del Karmel,* una obra que palpita como un salmo y exhala el perfume del infinito, debes leerla como quien entra en un oratorio sagrado, con el corazón abierto y los sentidos alerta. El texto, un flujo de conciencia que entrelaza el nacimiento de María del Karmel con un diálogo divino, está estructurado como movimientos de una sinfonía mística, cada capítulo acompañado por una pieza musical que da tono a su alma.

A continuación, ofrezco indicaciones precisas para leer la obra en su tono narrativo original — un lamento contemplativo, un susurro de eternidad — integrando la escucha de las piezas musicales al inicio de cada capítulo y la contemplación de una pintura que resuene con su espíritu. Estas indicaciones buscan que no solo leas, sino que sientas el texto como un cordón umbilical que une lo humano a lo eterno, en silencio y soledad, sin pensar, recibiendo.

Instrucciones para leer el texto:

1. Preparación del entorno (silencio y soledad). Busca un espacio íntimo, libre de distracciones, como una capilla interior donde el alma respira. Apaga dispositivos electrónicos, enciende una vela si es posible (que huela a cera o incienso, evocando el «perfume

de cera quemada» del texto), y siéntate en una postura que invite a la contemplación, con las manos descansando sobre las rodillas, como si acariciaran el lino del infinito. La penumbra o una luz suave ayudarán a recrear la «noche oscura» que atraviesa el texto.

2. Actitud contemplativa (sin pensar, recibiendo). Antes de leer, cierra los ojos y respira profundamente tres veces, imaginando que inhalas el «aroma de salmuera y redención». Adopta la disposición de María del Karmel en el útero: no busques analizar, solo recibe. Deja que las palabras fluyan como un río, sin resistirte a su repetición letánica («recibe, no te canses de recibir»). Lee con amor, no con la mente.

3. Ritmo y pausa (el pulso de lo eterno). Lee lentamente, dejando que cada frase resuene como un latido. Las repeticiones y la falta de puntuación en partes imitan el vaivén del útero; no te apresures. Haz pausas tras cada imagen potente (el «cordón, un hilo de luz suave como pétalos humedecidos») para sentir su textura y fragancia. Imagina que lees en un bucle eterno, como el «bucle de luz oculta» que menciona el texto, deteniéndote para saborear el silencio entre las palabras.

4. Cada capítulo está precedido por una pieza musical, a la que puedes acceder leyendo el código QR junto a la pintura, y que actúa como umbral sonoro, configurando el tono emocional y espiritual. Escucha la pieza completa antes de leer, dejando que su melodía te envuelva como el «Jordán intrauterino». Además, contempla una pintura sugerida que resuene con las imágenes táctiles y olfativas del capítulo, visualizándola mentalmente o buscándola en línea para profundizar la experiencia.

5. El texto está estructurado como un oratorio, con cada capítulo vinculado a una pieza musical que da color a su tono narrativo. Aplica el mismo ritual para cada capítulo, adaptando la música y la pintura según el contexto.

6. Lee cada capítulo como una oración, en voz baja o mental, dejando que las repeticiones («recibe, no te canses de recibir») resuenen como una letanía. Visualiza las metáforas táctiles (cordón como «hilo de luz», madre como «mar de corrientes tibias») y olfativas (cera, nardo, salmuera) como si las tocara tu piel o las inhalaras. Pausa tras cada imagen potente para sentir su peso, como si acariciaras el «lino rasgado» o respiraras «el aroma de redención». Mantén la música en tu mente como un eco que guía el ritmo.

7. La música establece el tono emocional (lamento, alegría, quietud), y las pinturas evocan las imágenes táctiles y olfativas, resonando con la mística de Juan de la Cruz, Teresa de Ávila, Jon Fosse y Edith Stein.

Recuerda: lee en silencio y soledad, recibiendo el texto como un cordón de luz que une lo mortal al eterno.

I

Respira mi alma; resuena tu misterio: es el inicio,

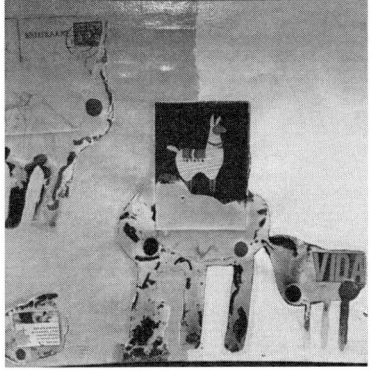

y tú, María del Karmel, estás en silencio, allí en la casita interior, dentro del cuerpo de mamá, en el agua, creciendo, y no dejas de crecer, no, no dejas de crecer en la gracia goteante, te multiplicas en murmullos de mar, abundas en el aliento abismal de la vida, y tu alma ha escuchado a tus hermanos y sois una trinidad, y la casa guarda memoria de tus hermanos y vienes con esa información, sí, porque cada uno ha dejado una parte de sí para ti y vienes impregnada de sus vidas allí, en ese lugar infranqueable, ese lugar lleno de misterio, y todos hemos estado en una casa así pero nadie la recuerda, no, nadie, y nadie sabe de las conversaciones que hemos tenido con lo eterno, y tus oídos del alma son sagrados y siguen escuchando al Creador, siguen escuchando en ecos eternos, y traes una buena noticia, una noticia fresca y cautiva de su amor, y no sé cuánto tiempo tengo para escribir, y hoy hemos empezado, y mi ser está imbuido en este misterio, en el preludio de tu nacimiento a esta vida, y mueres a esa otra vida, sí, mueres a la vida en la casa común con tus hermanos, y el cordón, puente umbilical de luz latente, te ata al templo que es mamá, arca de alianza en el Jordán intrauterino…

Y en el castillo interior que anticipas, Teresa te susurra: «La oración no es pensar mucho, sino amar mucho», y tu alma, en esa casita, ama sin medida, multiplicando memorias de hermanos en un bucle eterno, donde el vientre es laberinto de Ariadna, hilo rojo de sangre y silencio…

¿Es tu crecimiento multiplicación divina o humana ilusión?, y si el parto fuerza la salida, ¿traición al templo o piedad al dolor de mamá? Ambigüedad que tiembla en el cordón, puente entre voluntad y exilio…

II

Un adagio que Bach toma prestado del «Concierto para oboe» de Marcello… La vida es un préstamo que viene de lo eterno,

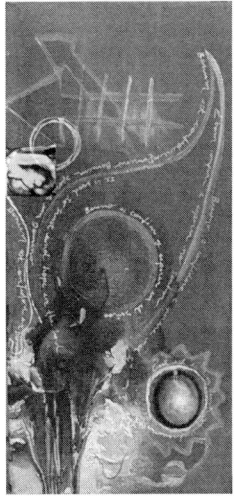

y hay movimientos fijos que intentan buscar el camino, y dónde está la salida, se preguntan, dónde, y tú buscas, y te lanzas de cabeza, y allí hay un ángel y el Dios de los místicos y te reciben con alegría, sí, con alegría, y en silencio, porque son los únicos testigos y allí estás a solas, completamente a solas, y confías y tienes calma, y tu alma te conduce al encuentro, sí, a ese encuentro, y percibes el significado de estar despierta, allí dentro, para despertar en nuestros brazos, y allí tienes una vida propia y todo lo que necesitas sabiamente te es dado, y has aprendido a recibir, sí, a recibir, los alimentos, y la casa, y el cordón que te sirve de juguete y comunicación, y hay serenidad e infinito, y están unidos por el misterio, y todos hemos estado en esa condición y sabemos recibir, porque es un don, y no dependes, solo recibes, recibir, y yo recibo, y es recibido, y ¿hay pensamiento en esa casa?, y quizá no, no hay pensamiento, solo vives recibiendo y juegas a solas, en una soledad sin tiempo, y no hay aspiraciones ni anhelos, no, es un mundo diferente, como si viajaras desde un espacio-tiempo sin referentes, y es una parte de la eternidad que vives y no hay imaginario ni inconsciente, no, simplemente se es, con todo lo necesario, y es un milagro, y los únicos que te perciben tal cual eres son tus hermanos, y ellos saben de ti y sienten cosas que no pueden explicar pero te intuyen y tratan de recordar su casa, aquella que hoy habitas con sus presencias, y en el interior estuvo papá, sí, una parte de papá te ha visitado y ya lo presientes, y tienes una conexión con él, y papá se aleja de la mente y te recibe en la presencia, despojándose de todo, ayunando de teorías humanas de la mente, intuyendo el mundo del espíritu, y somos pequeñas uniones, mamá y tú, y tú y papá, y Simón y tú, y tú y Alma, y juntos hacemos camino con la humanidad, porque somos un eslabón, todos lo somos, y caminamos sin ver lo invisible, como tú que creces sin ver la humanidad pero viéndola con los ojos del alma de mamá y, tal vez, con los ojos del alma de papá, y con seguridad con los ojos del alma de tus ancestros, incluso de amigos que se hayan en unidad con Dios, y Edith Stein sin duda es una de esas almas, y santa Teresa de Jesús, sí, santa Teresa también, y Maríam de Jesús crucificado, y Jon Fosse, que vive, y su alma te acompaña, sí, el alma de este desconocido también, y tus manos y pies buscan la salida, y recuerda que debes buscar de cabeza, sumergida con confianza, y allí está papá; te espero y aguardo, en vela, tu llegada, de cabeza, sí, sumergida en la confianza del nacimiento para aportar a la obra del Señor, con todo lo que te ha sido otorgado, y escribo y no paro de escribir, y quiero intuir tus últimos días, a solas y en lo escondido, recibiendo, sí, es tu único oficio: recibir, y no hay adentro ni afuera, solo hay vida, y no podemos limitar a Dios, no, y todo son nuestras ideas, y Él todo lo sabe, nadie más, bueno, aquellos que habitan el silencio como tú, tú sí lo sabes, y recibes, no te canses de recibir, y acaricias su presencia, y habitas una nada en soledad, porque para nosotros todo son ideas e imaginaciones, pero para ti todo es esplendor y regalos, y dones, y antes de nacer recibes todo, y muchos te quieren obsequiar algo, y tú recibes, y no sumas ni restas ni divides, no, tú multiplicas, como tus células se multiplican, y creces sin parar, en silencio, y quiero contemplarte en tu casa, pero serán imaginaciones, porque he perdido el silencio, y solo en la casa que habitas o al morir lo recuperaré, y por lo pronto quiero verte y escuchar tus diálogos allí, en la casa que también fue de tus hermanos, y no basta con cerrar los ojos, no, solo en el desierto con nada, en soledad, una comunión eterna que necesitamos descubrir cómo tú la vives, y quizá un día en el arte o la escritura puedas expresarlo, sin pensar, por supuesto, solo viviendo, y recuerda no cansarte de recibir, recibe, y tu hermano Simón y tu hermana Alma han dicho que te recibe la quinta sinfonía de Beethoven, un alma atenta a tu nacimiento, y también Mozart y Bach, sí, y el príncipe de la nada también, y muchos que no conozco, y solo quiero conocer a Dios, y saber quién soy, y tú vienes a decir mucho de lo que soy, pero necesito silencio, desierto, contigo, y completas mi trinidad, y tu madre y tú y yo somos otra trinidad, y con cada hijo somos una trinidad, y los esposos son una trinidad con Dios, el que nos ha juntado contigo, sí, somos uno contigo, y te mueves en mamá, y sois dos almas juntas, y compartís el mismo espacio, y estáis unidas, y tienes vida junto a ella, y sus órganos son tu sostén, son cama, y colchón, y abrigo, y buscas la puerta de salida, y recuerda sumergirte de cabeza, y yo estaré allí, y el cordón sale contigo, y puedes despedirte de los órganos que te han sostenido, y estamos como en una terminal aérea esperando tu llegada, porque vienes de un viaje, y no hay interior ni exterior, solo el viaje, a solas y en silencio, y recibes, y no te canses de recibir, y quiero hablar tu idioma y comprender tu fragilidad y fortaleza, porque hablar con Dios te ha hecho fuerte, y llegas a un mundo desconocido, y la palabra que recibes del Creador es suficiente, y solo la sed de esa palabra guiará tu camino, y te acompañamos, y no hay ideas ni imaginaciones, sola y en silencio, y todo ha sido dispuesto para que no pares de crecer, y ya casi no cabes, y es dos de febrero, y un dos de febrero hizo su primera comunión Edith Stein, un alma que te acompaña, y se parece a ti en que ya no piensa, habita el silencio, contigo, sin pensar; y casi no cabes, y el tiempo se acerca, y naces muriendo a tu vida, y debes dejarla para seguir viviendo, sí, para vivir lo que eres, y al salir empiezas una vida, y solo tu llegada abre los caminos de millones, y eso es un nacimiento, bifurcaciones y luces para diversos senderos, y por eso eres una luz, y recuerda sumergirte de cabeza, y aquí está papá y con el amor de mamá queremos hacer la voluntad de Dios en tu vida, pero no todo es la voluntad de Dios, no, solo es lo que te está susurrando, sin pensar, solo recibe, todo lo que te dice, en silencio y soledad, porque todo es la verdad, y escuchar su voz es la salvación, solo eso, sin pensar, en silencio y soledad, y los órganos de mamá son tu sostén, y cuando llegues queremos aprender a escucharte, en silencio y soledad, para acompañarte en lo que verdaderamente eres, y que Dios nos libre de querer hacer nuestra voluntad, que solo se haga su voluntad, y queremos aprender a escucharte en lo que eres, sí, olvidándonos de nosotros, y que Dios nos ayude, porque ya nos hemos acostumbrado a vivir como no somos, y que Dios nos libre de ese desperdicio, y que con tu llegada solo seamos pequeñas trinidades con Él, con las almas que nos rodean, en vida y en eternidad, y hay heridas que tenemos, y quizá heridas que hemos causado a tus hermanos, sin pensar pero sin soledad ni silencio, y han llorado por nuestro egoísmo, y es doloroso, y no quiero que vuelva a pasar con ellos y daré todo de mí para que no pase contigo, y ayúdame desde ya, con tu vida de unidad con Él, porque es mi único anhelo volver a ser uno con Él, y ayúdame a librarme de la mezquindad, y quiero ayunar de lo que no sea Él: Señor, ayúdame a ser uno contigo, tú que todo lo sabes; y háblale a María del Karmel de mí, de lo que soy en verdad, y despiértame de este mal sueño, y estos últimos días susurra a su oído espiritual un canto que me acerque a tu palabra, y humíllame ante ti, y que el gozo del nacimiento no sea una vanagloria sino postrarse ante tu gloria, y hazme uno contigo como lo son María y su madre ahora, y recibe, no te canses de recibir cada segundo, y soy padre de dos que viven en sus verdades pero empiezan a desconcertarse con nuestras falsedades, y a veces lloran desconsolados, y ahora seré padre de tres, y al nacer verás mis ojos y empezarás una nueva vida, a nuestro lado, y te entregaremos todo, y no queremos equivocarnos pero lo haremos, y en ese momento llévanos al silencio y la soledad, esa que vives y conoces, porque tu llegada es esperanza para mamá, y para papá y tus hermanos, una vida nueva que nos invita a vivir bajo el amparo de la voluntad de Dios, y quizá el cordón umbilical sea testigo de tu conversación con Dios, y ¡cuéntamelo todo!, y quiero escuchar cada palabra, y quiero ser un padre como José lo fue con Jesús, en silencio y soledad, sin pensar, y la casita que mamá carga es sagrada, un templo donde Dios ha hablado, y allí estás, a solas y en silencio, rodeada de humanidad, y es un recinto sagrado que debe ser venerado, y hay que ayudar a mamá con su santidad, la que le ha sido dada por decir sí para llevarlos en secreto, sin que nadie los vea, a oscuras y en silencio, porque todos ven el signo pero no el significado, y Jonás, concebido como nuevo hombre dentro del gran pez, reconoció la grandeza de su Creador, e hizo del vientre un templo y allí oró, como tú, y ya tienes una oración que nunca conoceremos, sin pensar, en silencio, creciendo, y tu oración alimenta tu alma y sigues creciendo, y nacerás para seguir creciendo, sin pensar, a solas y en silencio, y reco-

gerse en un lugar cerrado rememora el canto sagrado en
el vientre de mamá, y con devoción, solo hablas con él,
y no hables con extraños, solo con Él, porque su escucha
es tu camino, y su palabra tu única guía, y a veces habla-
rá a través de nosotros pero siempre será su voz la que
tienes que reconocer, y que nada interrumpa ese diálogo
que has empezado, porque solo su conversación es pro-
vechosa, y recibes, no te canses de recibir, y quizá un día
descubras nuevas formas de comunicarte con Él, sin
pensar, en silencio y soledad, y la nada es el camino, el
olvido de lo que no somos para ser uno con Él, y acuér-
date de hablar con las almas, y yo lo intentaré con la escritura y la pintura, porque el arte es manantial de creación pero no todas las obras hablan de Él, y todas las
almas hablan con Él, y ahora mismo muchas almas me
susurran, y sin pensar, trato de escuchar, y lo simple de
cada jornada nos invita al diálogo con las almas y con
Dios, y serenidad al navegar por sus aguas, y ahora lo
haces en el océano de mamá, un océano caudaloso, y te
sumerges de cabeza, y en un espacio pequeño, ¡tanta revelación y guía!, y basta con recibir, preparados con el
poder que nos ha concedido, y no hay interior ni exterior, solo presencia, sin pensar, en silencio y soledad, y
es el mismo viaje, y ni siquiera la vocación es garantía,
solo jugar con el cordón, que es testigo de la voz de
Dios, y al irse formando los órganos van secretos incon-
fesables, adheridos a nuestra naturaleza, impregnados
de su aroma, y algunos lo percibirán en ti, sin pensar, en
silencio y soledad, y callarán y obrarán con la voluntad
de Dios, y el cordón, puente umbilical de luz latente, te
ata al templo que es mamá, arca de alianza en el Jordán
intrauterino, y en esa ambigüedad, ¿es tu multiplicación

gracia o ilusión humana, y si el parto fuerza la salida, traición al misterio o piedad al dolor de mamá?

Y en la noche oscura que anticipas al salir, san Juan te llama: «Adónde te escondiste, Amado, y me dejaste con gemido», y tu alma, en esa casita, gime no por perdida, sino por plenitud, multiplicando memorias de hermanos en un bucle de luz oculta…

III

Arvo Pärt se ha convertido; ahora sus composiciones son como una cascada de caricias sin sentido, no todo puede ser nombrado…

y tu nombre, como el de todos los que van a nacer, trae alegría y esperanza, y la mayoría de personas sonríe y siente como si fuera su propio nacimiento, y allí están tus hermanos y consienten tu llegada, y tocan el ombligo de mamá, y sumergen sus dedos en el centro de la casa, y sus dedos tienen memoria, y recuerdan de dónde vienen, y recuerdan a Aquel que les regaló muchos secretos, y extrañan ese espacio-tiempo de sus vidas donde hablaban con Dios, sin emitir palabra, solo escuchaban el vaivén que producía su manifestación, y todos tenemos ese diálogo en el vientre, y corremos toda la vida buscándolo, como lo hace notar san Juan de la Cruz, Adónde te escondiste amado, y me dejaste con gemido, salí tras ti clamando y eras ido, y sí, corremos, toda la vida, buscándolo, y percibimos su voz porque la escuchamos, y nuestra alma la puede reconocer, y sabe dónde encontrarla, pero algo hace que nos alejemos de la belleza, y de lo puro y real, y nos olvidamos, sí, lo olvidamos, y grandes espejismos ocupan nuestras vidas, y María, ayúdanos en este momento, tú que tienes el privilegio de estar en sus aguas, nadando a su lado, en silencio y soledad, y nadie perturba tu momento más glorioso, sí, el más sublime, y toda la vida lo recordamos, y tú lo recordarás cada segundo de tu existencia, y estás recibiendo innumerables signos que podrán conducirte a ser con Él, y nunca te canses de buscarlo, en lo sencillo, en los sencillos, porque allí está más visible, y se deja ver, con los ojos cerrados, sonriendo a cada persona que encuentras, y en cada parte de la creación, porque todo te habla de Él, y todo lo que llegue a ti es un signo, y en silencio y soledad, sin palabras, se revela, y llega a ti como una ola que se forma con lo más excelso de la creación, y sumérgete de cabeza, y arriésgate a salir como la naturaleza lo dicta, y aprovecha estos momentos que habitas la casa sagrada en una mujer sagrada, y no tienes tiempo ni de escuchar las voces de nadie ni de imaginar nada, solo estás con Él, recibiendo, solo recibiendo, y recibe, y ayúdanos a recordar esta eternidad sumergida al lado de la humanidad de mamá, navegante de aguas de sabiduría, y fruto de la creación, y experiencia de Dios, y tu sí para vivir nos alienta, y llegas a contar lo que has vivido, y tus diálogos no son de este mundo, y llegarás con muchos tesoros que querrán robarte, sí, los ladrones de turno, y los artificios creados por mentes pobres, pero el Creador te ha dado todo lo que necesitas para defenderte, y tu padre y tu madre nos estamos preparando para ayudarte a custodiar lo que estás recibiendo, y entregaremos todo, aunque habrá momentos que nos distraeremos y necesitamos que nos ayudes a ser fuertes y no sucumbir ante lo efímero que consume nuestras vidas, y tu hermano hoy ha pintado su rostro de guerrero y tu hermana de lobo, y en sus gestos y juegos se preparan para ser un equipo y juntos caminar, al encuentro, al anhelado encuentro, sí, al encuentro del Creador, Aquel que el mundo ha querido desdibujar sin darse cuenta que más lo enaltecen, y la pobreza de aquellos es desconsoladora, pero acaparan seguidores, amantes de la fealdad, escondidos en la abyección que disfrazan de progreso, pero el encuentro, sí, el encuentro, es el regalo preciado que buscamos, y llegas a darnos fuerza para continuar, y ya estamos siendo testigos de la fragancia de ese momento, y los visitantes son las palabras ocultas, las que estás recibiendo, en silencio y soledad, sin pensar, y te aproximas a nosotros, y hoy eres la reina de la casa que habitas, y allí está el rey manifestándose, y pronto te convertirás en la más frágil e indefensa, aunque portadora de todo lo necesario para sobrevivir y emprender el viaje, y aquí estamos, pobres y rotos, y heridos de muerte por caer una y otra vez, y deslucidos, casi criminales que matamos y rematamos nuestra existencia, a veces sin sentido, y deambulamos, pero luchamos por seguir hacia el encuentro, sí, al encuentro que tú estás viviendo, y serás la menor, pero los últimos serán los primeros, y todos estamos dispuestos, con todos nuestros órganos, dejando hasta las vísceras, y habitamos con la esperanza de Simeón, y con la nobleza de Maríam de Jesús Crucificado, y con la valentía de Hildegard von Bingen, y con la sabiduría de san Francisco, y con la astucia de santa Teresa de Jesús, y con la honradez de san Juan de la Cruz, y con la entereza de Edith Stein, y con la obediencia e intuición del papa Francisco, y con la radicalidad de Rabia, sí, habitamos con esos ejemplos que inspiran nuestra debilidad, y tu madre dice que te estás moviendo mucho, quizá cambiando de lugar, buscando tu lugar con Él, impetuosa, con decisión, y nacerás de forma natural, y lucharás desde ya, y aquí estamos para acompañarte en cada batalla que nos sea lícito acompañarte, y la familia es un regalo que da la vida por los suyos, y es libertad que acompaña sin imponer, y guía con la guía del Creador, y muere a sus pretensiones, y vive para SUS pretensiones, y debe estar en búsqueda permanente, uno con otro, sin colores ni sonidos, en silencio y soledad, y desafiantes ante cualquier atisbo de mentira disfrazada, y radicales con su forma de vivir, y alejados del ruido de la no nada, atentos a seguir la nada para alcanzarlo todo, y Dios en el diálogo contigo, intuyo, te habla de cada ser que ha intentado buscarlo, ir al encuentro, y te los nombra todos, y un día sabrás de ellos, y sé que soy uno de ellos, y tu madre también, y queremos seguir muriendo a lo que no somos para ser más dignos acompañantes de tu camino, y es fácil pero si nos distraemos el sendero se torna hosco e incomprensible, y debemos ser valientes, y aguardo el momento de verte, para contemplarte; y por favor, en ese encuentro trinitario, recuérdame nuestra misión juntos, que no sucumba ante el lumpen que nos acecha y acontece, porque tú eres el verdadero acontecimiento, y llegas a un hogar inédito, sin futuro pero con un Dios amoroso que se manifiesta como lo hace contigo, y no importan cuántas neuronas conectadas unas con otras puedas tener sino la intensidad de conexión que estás teniendo con el Creador, electricidad pura, energía solar, de la que habla tu hermana que va a poner en los vehículos que inventará, posiblemente con tu ayuda, y seguramente con nuestra ayuda, y sin duda con la ayuda de Dios, el que todo lo puede, el que todo lo quiere para ayudar a su creatura amada, porque cuando amamos no hay límite de ayudas, como todas las ayudas que he puesto en estas líneas, y Dios nos libera para seguirlo al encuentro, como liberó a tantos de prisión, a Daniel, a Pedro, a Andrés, y no se cansa de liberar, es un libertador, y nadie como Él para liberar, y pone las llaves de la prisión en nuestras manos a diario, pero decidimos volver a entrar, y encerrados con lo que no somos para lamentarnos, pero cada día arriba como Jesús cuando llegó a buscar al endemoniado gadareno, y también nos busca cuando todo parece perdido, y no solo espera que lo encontremos, va a por nosotros, es incansable, y mientras sucumbimos a diario Él está atento a socorrernos sin importar lo que hagamos o dejemos de hacer, y como dice Teresa de Jesús: con grandes regalos castigabais mis delitos, y delinque, y sé torpe e ignorante, no importa, porque Él te busca y te quiere liberar, por todos los medios, y pone todo el reino a tu disposición, como lo hace en este momento contigo, en la casa de la mujer sagrada que es tu madre; y en la noche oscura que anticipas al salir, santa Teresa Benedicta de la Cruz te llama: «¿Quién eres tú, dulce luz que me llenas e iluminas la oscuridad de mi corazón?», y tu alma, en esa casita, se inquieta no por ignorancia, sino por plenitud, multiplicando memorias de hermanos en un bucle de luz oculta…

IV

Vivaldi, entre las cuerdas y los vientos, ha invitado un
fagot que asciende tras lo eterno!,

y en cuanto escuchas los llantos de la madre, en medio de
tu sublime diálogo con el Creador, ¿te afecta en algo?, ¿o
trasciendes la psicología y hasta la neurología para continuar tu excelsa conversación?, y estás en un océano de
sabiduría, y los nervios y conexiones de la madre son historia sagrada, y muchas familias hacen eco en cada célula
de los órganos, y finalmente esperamos una herencia, y

antes de nacer tu riqueza es inconmensurable, llena de gracia y obsequios que recuerdan la lucha de los ancestros, y se gesta toda la humanidad, y no pierdes tiempo en la casa de la hermandad, y aprovechas cada instante antes de llegar, y te alimentas y te nutres con todo lo que te es dado, y recibes, y estás inquieta, y el desarrollo del cuerpo es un signo de tu comprensión humana, y cada vez estás más cerca de morir a la vida en la casa que tanto sabe, y nuestras vidas poco cambian, nos acostumbramos a vivir sin Él viviendo con Él, y nos diluimos en pensar y pensar, y planear y planear, sin saber que todo pasa, como dice Teresa de Jesús, que Dios no se muda, y al llegar vas a escuchar las palabras cambiar y transformar, y muchas veces se ha vuelto una quimera, inalcanzable, y poco se cambia o se transforma, y nadie quiere arriesgarse, y todos sucumbimos ante algún malestar que la cultura ha sabido aprovechar, y te acompañaremos a que puedas escabullirte de múltiples trampas que obligan a hipotecar la vida de incontables maneras, y seremos guerreros para defender tu compromiso, la unión de amor que has tenido con Dios cuando Él decidió crearte y tú aceptaste, y con todas nuestras torpezas e insolencias nos decidimos a «entrar al trapo» como dicen los españoles, a luchar por sostener y cuidar tus tesoros, y aquí están tus hermanos que han sido enviados antes a cultivar el terreno para tu nacimiento, también descubriéndose, con el ánimo de aprender todo lo necesario para cabalgar hacia el encuentro, el mismo que ya conocen, y parece que todo es más sencillo, como tú, que sin aparecer estás suscitando un ilimitado número de reacciones, y alegres las que más, y son días expectantes, y te sumerges de cabeza, y buscas tu propio camino, y te acompañamos, y nuestras vidas también han sembrado el terreno para tu llegada, y aquí estamos…

Y en la noche oscura que anticipas al salir, santa Teresa Benedicta de la Cruz te llama: «Tú eres el espacio que envuelve todo mi ser y lo encierra en sí, abandonado de ti caería en el abismo de la nada…», y tu alma, en esa casita, se esperanza no por ingenuidad, sino por plenitud, multiplicando memorias de hermanos en un bucle de luz oculta…

V

El folklore es la voz de los olvidados, seres anónimos que no vemos, pero allí están, como los cisnes de Garzón y Collazos…

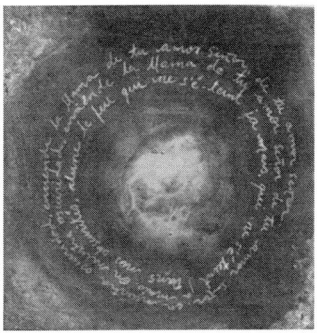

y el caos de los tiempos, colérico y confuso, y las actitudes inesperadas del hermano, abruptas y angustiadas, posiblemente posterguen tu llegada un poco, un pulso postergado, y sería tu primer acto de comprensión, unida confraternamente con los otrora habitantes de la casa que sirve para tu diálogo amoroso con Dios, y el espíritu de la época, torre de Babel ilustrada, erige pilares sobre arena movediza, mientras tu vientre-templo, como el santo de los santos, guarda el arca de la empatía primordial, luz oculta en la oscuridad del caos, y ¿alguien ha dicho que la fortaleza de la persona se cimenta sobre arena?, y claro que hay un sufrimiento en todos por el nacimiento de una criatura, y primero en ella, porque pasa de un estado a otro, y se transforma, y duele respirar, y para los que reciben su presencia hay un cambio pero no es negativo, al contrario, experimentan vértigo, y se marean un poco al saber que van a compartir su espacio vital con un ser ungido por el diálogo celestial que sostiene dentro de mamá, y se hacen fuertes al pensar que tendrán el privilegio de repasar lo que también fue dicho a ellos, y poco a poco la imaginación de los adultos les ha entorpecido el desarrollo santo y sano que traían de la habitación sagrada, y tu hermano el sábado pasado se pintó la cara de guerrero, y libra una lucha en su ser para poder asimilar el poder que significa la llegada de una bendecida de Dios como tú y como él y como tu hermana, y sin embargo, en la noche antes de acostarse manifiesta que quiere que un adulto duerma a su lado, quizá para proteger el tesoro que le viene siendo dado, y tiene nervios y angustia de saber que es un hermano mayor y que eso implica responsabilidades que aún no conoce pero intuye, y tu hermana se muestra cauta y discreta, y asimila poco a poco tu llegada, y como apenas entraron al colegio luego de unas largas vacaciones, podrías seguir envuelta en la presencia real de Dios a tu lado en las aguas de sabiduría que te rodean, protegida por los órganos santos que te sostienen, en silencio y soledad, sin pensar, y tu vida, en este momento, hay que buscarla en el mundo del espíritu y no en la mentalidad de la época, y solo llegamos a ese estado en el abandono, haciendo eco de las viejas escuelas místicas que plantean la renuncia y el desasimiento como condición, y ahora llegas en tu tiempo, solo como simple mortal, en el trono que te encuentras, que con alegría y regocijo permanezcas allí el tiempo prudente para que todos nos alcancemos a organizar, y tú puedas seguir bebiendo de la fuente eterna hasta que termine el embarazo formalmente, que son cuarenta semanas, y siéntete libre, como lo eres y sumérgete de cabezas, naturalmente, porque ya Dios ha señalado el día y la hora, y que nada interfiera con ello, ni nuestros mezquinos deseos, que se haga la voluntad del Creador, y mientras tanto tu hermano ha vuelto a montar en bicicleta, y lo ha hecho desde que tenía un año, y lo dejó de hacer casi dos años pero de un momento a otro se puso un casco y mostró su deseo de subirse a la bici naranja que le regalaron los abuelos, y a unos pocos metros, tu hermana hace sosegados y frescos soliloquios, con un casco en la cabeza, y al entrar a la casa va a su cuarto y juega con las muñecas, y habla, y su voz se escucha por pequeños chorros, a solas, en silencio y soledad, acompañada de su muñeca bailarina, y tu madre dice que puedo tocar tu cabeza en el centro del vientre, y si es así quiere decir que estás sentada, para beneplácito de la ginecóloga que gusta de las cesáreas, pero mi egoísta deseo es que nazcas naturalmente, y que te des vuelta y cuando vayamos a la cita deba expresar, misteriosamente está de cabezas, y puede nacer en cualquier momento, incluso en la semana cuarenta; y en la noche oscura que anticipas al salir, santa Teresa Benedicta de la Cruz te llama: «Tú, más cercano a mí que yo misma y más íntimo que mi intimidad», y tu alma, en esa casita, se alegra no por emociones pasajeras, sino por plenitud, multiplicando memorias de hermanos en un bucle de luz oculta…

VI

San Felipe Neri prefería el paraíso y lo encontraba con
los niños abandonados…

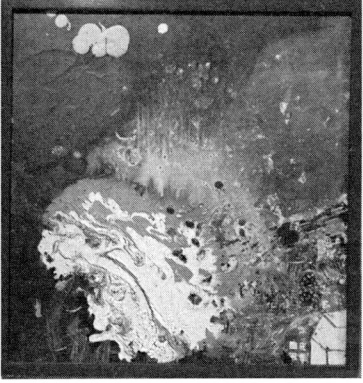

y habitas un silencio que perseguirás durante toda la
vida, y las huellas de la oscuridad hacen que vayamos
tras la luz, y tus hermanos han entrado a la escuela, y Simón ha estado inquieto, y el alma puede estar en perfecta
quietud aunque la persona humana merodea el acontecer
que no comprende, y puedes estar vivenciando algo pa-
recido, el alma pletórica en alegría por el diálogo con su

Creador mientras el cuerpo se desarrolla, en silencio y sin pensar, y solo ve cómo crece, y se presiente, y seguro que ya sabes cuándo nacerás, y habitas el mayor misterio de la humanidad, que es crecer en un vientre, dos personas en una sola, y sin duda es el regalo más preciado, y se desencadena una fuerza inusitada, y quizá es tiempo de cambiar la narración, y puede aparecer un viaje hacia el centro de la tierra madre, y tu padre está leyendo: «pintar para traer a la luz una cercanía ausente, tal como lo pienso yo, pienso, bueno, para hacer que luzca la negrura, sí, pintar para sacar a la luz la oscuridad luminosa», y se me ocurre pensar en otros planetas, en el nacimiento de otras criaturas en el universo, de la gestación en otras esferas estelares, porque si somos creados por el único padre eterno, quiere decir que tenemos similitudes, y quizá, por las condiciones atmosféricas en otros lugares dure mucho más lo que aquí llamamos embarazo, pero se trata de crecer al abrigo de otro organismo, y estar cubierto y recubierto, y tener todas las garantías para vivir la primera vida y la primera muerte, porque al nacer morimos a la vida intrauterina, y nacemos con una experiencia considerable de la muerte, y debe ser igual en otras galaxias, si es que se llaman así, porque el nombre fue puesto por los hombres, no por Dios, o quizá Dios los inspiró para ponerles ese nombre y así se llaman de verdad, como Plutón, y Andrómeda, y Vía Láctea, y Júpiter, y Saturno, y Marte, y quizá Dios era un aficionado a la mitología y se divertía con lo que sus criaturas creaban y les hizo un homenaje, aunque no debe haberle gustado que los días de la semana, los días que Él creó, tomaran el nombre de esos mismos planetas, luna, lunes, y Marte, martes, y Mercurio, miércoles, y Júpiter, jueves, y Venus, viernes, y sábado, Saturno, y sol, domingo, y seguro que prefería como los bautizaron los judíos, día primero, día segundo, etcétera, y Dios ríe de tantos inventos de los hombres y muchos de ellos atribuidos a su inspiración, pero sin duda que en todos los lugares donde se gesta la vida hay un ser recubierto ya sea dentro de alguien o envuelto por algo, y allí crece, como tú, María del Karmel, nombre inspirado por Dios o inventado por los padres, y como sea, el nombre ya define mucho de ti, y así será durante toda tu vida, y en la noche oscura que anticipas al salir, santa Teresa Benedicta de la Cruz te llama: «¿No eres tú el dulce maná que del corazón del Hijo en el mío fluye, alimento de los ángeles y de los bienaventurados?», y tu alma, en esa casita, se regocija no por sus méritos, sino por plenitud, multiplicando memorias de hermanos en un bucle de luz oculta…

VII

Carlos Gardel, naturaleza que canta desde el interior, en la sencillez de lo cotidiano; decir las cosas como son, sin rodeos…

y María del Karmel, en silencio y soledad; el vientre es como una nave, en el interior, y has estado creciendo, y a medida que el viaje se acerca a su fin, sin duda has estado acompañada, sí, por un compañero inseparable, y quizá sea el puente para que nos podamos comunicar, pequeñas trinidades, y vienes de algún lugar que desconocemos, que solo Dios conoce, y luego de vivir con y entre nosotros, volverás con Dios, el que todo lo sabe, y llegas sabiendo todo de Él, y estar con Él en el silencio y la soledad te hacen fuerte, y todo lo que pase en tu vida servirá para descubrir los secretos que te están siendo revelados, y los partos se convierten en el único acontecimiento en el que se encuentran la vida y la muerte y la criatura sigue viviendo, otra vida, la humana, que podría ser la inferior o la sublime, si dedicásemos nuestra vida a conocer sobre Él, y morimos contigo y nacemos contigo, quizá el Miércoles de Ceniza, como tu padre, y el día universal donde somos llamados a convertirnos y creer en la buena noticia, en unirnos en verdad con el cuerpo místico de Cristo, somos señalados, y con seguridad nacerás dentro de la cuaresma, al inicio, y eso, al igual que el nombre, tiene un signo sobre sí, y tu naturaleza está definida, y alimentar el resplandor que eres es nuestra tarea desde antes de nacer, y la persona del espíritu que viene trae consigo una experiencia del misterio, más vivida que la que podemos tener los que te rodeamos, y quiero recibir, y escuchar, y estar alerta, y también debo morir a la vida que he llevado si quiero recibir todo lo que traes, porque es un mensaje desde lo eterno, como encontrar una botella en el océano con un mensaje para descubrir un tesoro, y habitas el océano insondable, en silencio y soledad, sin pensar, y quizá nos escuchas y te ríes, sí que te ríes, y como lo que escuchas está mediado por tu conversación con Dios, sacas la esencia de las palabras que llegan a ti, y ves la verdad, y no tienes imágenes sino la verdad de lo que escuchas, y no hay mente aún, y el pensamiento no pertenece a lo que eres, ni el recuerdo, sí, el recuerdo tampoco, y eres pura en lo que recibes, y lo importante no es lo que entra sino lo que sale del interior, y estás recubierta no solo por membranas que te protegen en el templo sagrado donde te encuentras, sino por la presencia constante de la palabra sagrada, y nuestras palabras son balbuceos comparados con la elocuencia y sabiduría del que te ha creado y ahora haces como un inventario contigo misma de lo que eres y lo que traes, y no dependes de estímulos o maniobras humanas para que desarrolles algo de ti, eso no, y de lo único que dependes es de la voluntad de Dios, y punto, y si necesita que tus padres estemos convertidos el día de tu nacimiento así será, y si Él necesita que la quinta sinfonía de Beethoven suene en el momento de tu nacimiento, así será, y si Él desea que tu padre te invente una gran historia y sea lo primero que escuches, está hecho, y si quiere que ese día todos tengan sus frentes cubiertas con ceniza, así será, y la fragilidad de la vida nos hace volver los ojos a Dios para sentirnos fuertes y ser valientes ante las misiones que Él pone en nuestra vida, y tú misma ya tienes una misión y la estás haciendo con plena obediencia; y en la noche oscura que anticipas al salir, santa Teresa Benedicta de la Cruz te llama: «Él que de la vida a la muerte se elevó, Él me ha despertado también a mí a nueva vida, del sueño de la muerte…», y tu alma, en esa casita, se alivia no por medicinas modernas, sino por plenitud, multiplicando memorias de hermanos en un bucle de luz oculta…

VIII

Cartola, brasilero, interpreta la búsqueda desde los sentimientos comunes, compone con un alma sabia; la vida es simple, basta con ver a los niños jugar…

y la mañana empezó con la cercanía de tu llegada, sí, con la cercanía, y con un mensaje desde España, y una editorial ha dado el visto bueno para la publicación del libro, el libro que escribí con la inspiración de tu hermano, y en la última parte, casi en la última línea, hablo de tu llegada, pero en ese momento no sabíamos, no, no sabíamos si eras niño o niña, y ahora ya te nombramos como María del Karmel, y has dado el sí para que tu llegada abra las puertas del misterio, y es como si tu crecimiento en el vientre de mamá nos hiciera nacer a todos, sí, un nacimiento para todos, y nos acerca a la comprensión de la misión, la misión que nos tiene en el mismo barco, y ahora todos somos más sensibles, y tus hermanos juegan juntos todo el tiempo que pueden, y cenan juntos y se fortalecen el uno al otro, y sienten tu presencia, sí, la sienten, y quieren ir incorporándote en sus vidas, y no te ven, no, y es como si jugaran sin juguetes, solo pensando lo divertido que es jugar sin jugar, porque eres su hermana y tienen fe, pero es algo desconocido, y tienen la única referencia de ellos como hermanos, y Alma ha dicho que te prestará sus muñecas, y que te bañará y te cuidará, y Simón se quiere hacer más fuerte y está comiendo mejor, y la vida que tenemos es custodiada por Dios pero no lo vemos, y sabemos que incluso vive en nosotros, y tiene un lugar en el mundo interior pero nos es inaccesible, como tu propia vida en el vientre de mamá es inaccesible, y solo intuimos pero no es suficiente, porque es el gran misterio, y el alma ya sabe, y tus pensamientos están ausentes, y todo tu ser está lleno del Espíritu Santo, y tu madre es un templo, sí, un templo, y su interior está iluminado todo el tiempo, y la mujer es sagrada, y su vientre nos da la clave de la vida en otros planetas, y descifra nuestra existencia, y no te vemos pero tu presencia es tan grande que cientos de personas se ven tocadas por tu vida, y llegarás la próxima semana, y llegarás recubierta de misión, y viva, y llena de gracia, y habitas como suspendida en el espacio, flotando en el océano eterno, fuera de la Tierra y sus movimientos, en perfecta contemplación, sí, en silencio y soledad, sin pensar, y ya eres acogida, y despiertas los sentidos dormidos, el olfato y el tacto, y vienes de Dios y al aterrizar buscarás en todo y en todos al Creador, y el que te ha formado sabe dónde debías nacer, y la fecha y la hora están escritas, y a veces interferimos, pero Él vuelve a poner el orden, sí, siempre pone el orden, y son días de claridad, y es posible que haya una red secreta de comunicación entre los seres en el vientre de sus madres, y en silencio y soledad encuentran una forma de saberse solidarios, y es algo imperceptible, y yaces suspendida en el universo insondable, y escuchas, y vuelves a escuchar, y duermes y despiertas a diario, y el mundo en el que vives pronto llegará a su fin, y es tu primera muerte, y nacerás a una vida nueva, una vida extraña, y haremos todo para despertar a tu lado y acompañarte en tu camino con la seguridad de caminar hacia la unión de amor con Dios, el Creador, que ha puesto a su hijo a vivir la vida del vientre, sí, a comprender la humanidad desde su gestación, y María era testigo de cómo el hijo de Dios crecía hablando con su padre, recibiendo su misión, y tardamos un tiempo en saberlo, y queremos sumergirnos en tu misterio para acompañarlos, y tus hermanos están inquietos en serenidad, y buscan comprender cómo fue su vida donde vives ahora, y buscan comprender la primera muerte y su resurrección instantánea; y en la noche oscura que anticipas al salir, santa Teresa Benedicta de la Cruz te llama: «¿Eres tú el rayo que desde el trono eterno cae e irrumpe en la noche del alma, que nunca se ha conocido a sí misma?», y tu alma, en esa casita, se inquieta no por miedo, sino por plenitud, multiplicando memorias de hermanos en un bucle de luz oculta…

IX

Una nana de Zimbabwe y la pureza del corazón africa-
no, a veces tan desconocido pero tan atento…,

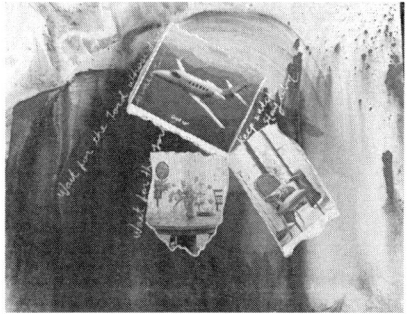

y será la última vez que sea padre, si Dios quiere, y eres
mi tercer cachorrito de león, sí, el tercero, como lo soñé
aquella madrugada del 13 de febrero de 2016, en Taizé,
ese lugar de encuentros en el centro de Francia, y hacía
un frío que helaba la médula, y yo estaba compartiendo
habitación con un belga y un alemán, y salí sin ser nota-
do, y todo el mundo dormía, y eran más de 2000 personas, la mayoría jóvenes, y en aquellos días yo hablaba con
una joven de Holanda, una jugadora de ajedrez, y nos

sentábamos junto al lago a jugar, y ella ganó una partida y yo la otra, y la noche anterior habíamos ido a visitar una iglesia a unos dos kilómetros, y el camino estaba con una neblina curiosamente cálida, y nos sentamos en silencio, y oramos, y en silencio, y en soledad, sin pensar, salimos sonriendo y el camino de vuelta fue saltando, como hacen los niños, y corríamos, y luego nos despedimos, y fui a solas y en silencio a una pequeña capilla, justo a la entrada estaba el cementerio de los monjes, y la puerta era pesada, de madera, y el lugar era habitado por el silencio, y por la presencia que se convertía en olor, un olor indescriptible, y era un lugar propicio para recibir un mensaje, sí, para recibir, y allí aparecieron ángeles sin ser vistos, y había oscuridad, y soledad y silencio, y un ícono de María y el Niño Jesús, alumbrados por unos velones, y unas bancas de madera, y yo estaba solo, y estaba preparado para recibir, como diría san Juan de la Cruz, en contemplación, sí, para recibir, y pasaron muchos minutos, centenares de segundos, uno tras el otro, y el tiempo se volvió relativo, y quizá sigo allí, llorando, sin pensar, en silencio y soledad, y la noche estaba muy fría, y decenas de jóvenes a unos 300 metros, festejando, con cantos y guitarras, y yo no los escuchaba pero allí estaban, como los ángeles que estaban preparados para anunciarme la llegada de tres hijos, sí, tres hijos de la corte celestial, y yo seguía llorando, en silencio y soledad, sin pensar, y estaba atrapado, no podía escapar, porque cuando el reino de los cielos se abre para entregar un mensaje nadie puede negarse, y el sí es el acto seguido, y en alguna parte de mi ser fue sembrada una semilla, y provenía del reino del amor, y yo no lo sabía, a oscuras, y ya en algunas noches, unos años atrás, recitando los poemas de san Juan

de la Cruz, yo percibía e intuía pero no podía imaginar lo
que se revelaba, y la mensajera nórdica había señalado la
ruta, y me dijo «Ve a Taizé», me lo dijo en el desierto del
Neguev en Israel, y me lo volvió a repetir, antes de des-
pedirnos, en Suecia, y aquella tarde invernal de febrero,
un día 13 como esta noche en la capilla, ese día nos vimos
por última vez, y se bajó del auto, y me tomó de la mano
y me dijo «Ve a Taizé», y unos minutos más tarde llegó
el bus, y se abrió la puerta, y nos miramos, y la mujer
que conducía el bus sonrió sin apurarnos, algo inusual
en Suecia donde todo es puntual, como el encuentro que
había tenido con la mensajera nórdica, que terminaba su
misión, y la puerta del bus se cerró, y sería la última vez
que nos veíamos, y allí estaba yo en Taizé, exactamente
tres años más tarde, a punto de recibir un mensaje celestial, y en medio de lágrimas, en silencio y soledad, mi ser
estaba sumergido en el llanto que baña el alma y la renue-
va, dispuesta a recibir, como tú que estás recibiendo las
últimas instrucciones antes de llegar, y salí de la capilla, y
caminé hasta la habitación, y un voluntario esperó hasta
que yo llegara, y sonrió y abrió la puerta, y unas horas
más tarde, yo estaba despierto, escribiendo, en un pasillo,
y había tenido un sueño, tres cachorritos de león, y el tro-
feo para el campeón con el Medellín, de Colombia, y Leo-
nel, un guerrero, y eran signos que yo no entendía en ese
momento, y unos minutos más tarde estaba escribiendo
uno de mis primeros libros, «Regla de santidad para un
hombre casado y con tres hijos», y así se cumpliría lo ma-
nifestado aquella noche de febrero, y tu madre ha sentido
que te estás moviendo, y ha sentido tu cabeza arriba del
ombligo, y ten cuidado, porque ya estabas en posición, tu
cabeza sumergida, buscando la salida, y los últimos días

deben ser extraños para ti, abandonar la casa impregnada por la presencia de los tres cachorros de león, tu casa con los vestigios de tus hermanos, y los conoces mejor que ellos a ti, y tus hermanos perciben tu ser, y descifran sus inquietudes, y los adultos les parecen extraños, llenos de muchas ideas, la mayoría sin sustento, solo apoyados en teorías de la mente, lejanas del significado de una nueva creatura para el reino de los cielos, porque la vida humana es sagrada, y te mueves, y exploras lo que será un recuerdo solo posible cuando vuelvas al Creador, y ahora no podrás saber nada de lo que te ha sido dicho, y seremos un equipo para intuirlo y hacer germinar en ti la gloria de Dios, y quizá sea tu último fin de semana en esa casa adorable y única, ese hábitat donde no falta nada, y nos abrimos al misterio, y hemos hecho un camino para esperar este momento, y en silencio y soledad, sin pensar, obedeciendo, porque obedecer es escuchar, y Él habla todo el tiempo, y tu vida está siendo enriquecida con los nutrientes del cielo que nada ni nadie te dará, y no saber el día ni la hora nos lleva a la confianza, sí, a la confianza en la sabiduría divina, como expresa Edith Stein en su poema, estamos en vela, «Ten confianza y quédate tranquila: a través de noches y tempestades la voluntad de Dios, fiel, te guía si tu corazón está en vela», y parece que todos estamos en el barco, en aquella tormenta que tanto vértigo produjo, y que Rembrandt pintó, y todos atemorizados, con vértigo, y cada día se acerca el momento de recibirte, y vienes de un mundo diferente, creciendo, y no estamos preparados, y pensamos mucho aunque santa Teresa de Jesús nos ha advertido que no está la cosa en pensar mucho sino en amar mucho, y pensamos mucho en nuestro llamado contigo, en la mejor forma de hacer la voluntad de Dios, y tú que estás en diálogo fecundo con el Señor, dile que nos dé un signo para saber qué de lo que hacemos sea un bien para el reino, y que nos ayude a descansar en Él, y que nos olvidemos de nosotros, y que nos quite tanta vanidad y nos conduzca por el camino directo a la unión de amor con Él, y sabemos que tú eres el bien preciado del reino, una joya que trae todos los mensajes que necesitamos, pero estamos ciegos y las palabras humanas retumban dentro de nosotros, y hay una lucha por dejar lo que no somos y nos desgasta, y cansados, te esperamos, y tu llegada nos robustece y da fuerzas, y nacemos contigo, y los cinco somos hogar de Cristo, y el bienamado alimenta, en silencio y soledad, sin pensar; y en la noche oscura que anticipas al salir, santa Teresa Benedicta de la Cruz te llama: «Se asusta al verse a sí misma, concede lugar al santo temor, principio de toda sabiduría que viene de lo alto», y tu alma, en esa casita, se incomoda no por desconocimiento de sí, sino por plenitud, multiplicando memorias de hermanos en un bucle de luz oculta…

X

Arvo pärt, «Für alina», sonidos para mecer al niño en el vientre materno…

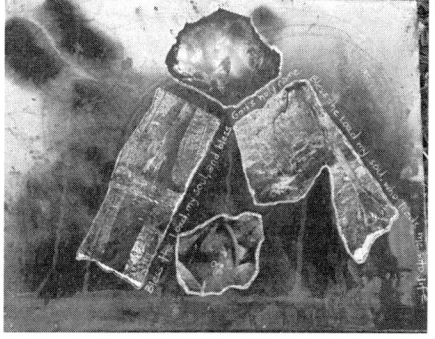

y Alma del Karmel tiene tres años, y su hermana María está a punto de nacer, y desde el vientre escucha la voz de los prójimos, y Alma es una de ellas, y su voz es como un susurro de un ángel, y empieza a jugar con las palabras, y algunas suenan conocidas, y otras casi desconocidas, y proponen varios juegos, adivinanzas, y escondite, y rayuela, y descifrar los vocablos que emite es riesgoso, y puede sentirse mal por no hacerse entender, o simplemente tomarlo como parte del camino para aprender, y sin embargo, para ella, es un mundo, su mundo, y su hermano Simón sabe cómo entrar, y tiene las llaves y entra cuando quiere, y habla como ella, y a veces nos ayuda a «traducir», y yo trato de decir asintiendo con la cabeza, y en verdad, no son murmullos, son sus palabras, y habla y piensa que todo lo que dice tiene un sentido, como lo tiene, y hay algo imperceptible, y es su comunicación con su hermana María, y ella sí que la comprende, porque está en el diálogo amoroso con el que le enseña a comprender a los que vamos a estar cerca, incluyendo a su hermana, y tienen una comunión, y seguro percibe cuando Alma sube por los juegos extremos de los parques infantiles, escalón por escalón, un pie tras otro, y primero una manita en el tubo más alto, luego el pie contrario, y así, mano pie, mano pie, hasta llegar a la cima, y hasta allá no alcanzo y le advierto que no siga porque pierdo el alcance, y es obediente, y espera arriba, y acto seguido empieza a descender, pie mano, pie mano, y llega al piso y sigue con el próximo reto, y siempre sonríe, y es valiente y hábil, y ahora toma la bicicleta y da una vuelta por el circuito del parque, y busca a su hermano que ya lleva 50 vueltas, y vuelve a los juegos extremos pero ahora se desvía hacia los implementos de ejercicio, y equilibrio con un pie, y oscilar de un lado al otro con los dos pies en una sola pieza, y se baja, y toma la bicicleta, y hace viento frío, y hoy ha ido bien arropada, con saco verde encima de su vestido rosa, y bajo el vestido un pantalón del mismo color, y hoy decidió ponerse unas botas, y su hermano no se ha bajado de la bicicleta ni un momento, y la mamá está cerca, llevando consigo a María, una espectadora enigmática, y está presente pero nadie la ve, y dice Jon Fosse que «Dios se esconde todo el rato, es como si se mostrara escondiéndose, en la vida, en las cosas, en lo que hay… y lo que ocurre es que cuanto más se esconde Dios, tanto más se muestra, y al revés, cuanto más se muestra, o cuanto más lo muestran diciendo que es así o asá, tanto más se esconde Dios, que Dios se revela ocultándose», y quizá María ha estado en una revelación continua todo su proceso de gestación, oculta pero tan presente que Alma y Simón tienen la incertidumbre del lugar que ocuparemos todos con su llegada, aunque llegó desde la concepción, y desde antes, desde siempre, sí, siempre llegó, y siempre ha estado con nosotros, incluso desde antes de nacer nosotros ya estábamos juntos, con Él, «y en ese ocultarse de Dios, en ese secreto de Dios, es donde podemos olvidarnos y escondernos», y nadie conoce a María pero ella nos conoce a todos, y ha escuchado nuestras angustias y debilidades, y los llantos de Simón y Alma, y el llanto de mamá y papá, y los pensamientos de la familia, y hasta la fragancia de los muertos, que por la resurrección están más cerca de ella, y al fin y al cabo se está preparando para una muerte, su primera muerte, y para su nuevo nacimiento, porque ya ha nacido, y anoche soñé con el posible día de su llegada, y los signos del sueño me llevan a intuir que será el 19 de febrero, aunque quisiera que fuera el Miércoles de Ceniza, pero la voluntad de Dios es la que manda, como debe ser, y nuestra vida debe guiarse por la voluntad de Dios, sí, nuestra voluntad solo debe servir para servir a la voluntad de Dios, y nada más, y el vientre de mamá es como un puente, un filtro, y las voces no se escuchan igual, están filtradas, y llegan murmullos como los que escuchamos de Alma pero ella los recibe y ya distingue el alma de cada uno por sus voces, pero no la que se fona y articula, sino la que se tiene desde siempre, la que nos enseñó a hablar Cristo, que es la palabra de Dios, porque Dios estuvo en silencio hasta que todo lo dijo por Jesús, y María ha hecho que todos digamos algo sin nacer, y todos tenemos sentires ante ella, ante su silencio, «y las palabras de Dios son mudas, porque en realidad lo son, pero también esto es obvio, puesto que Dios habla calladamente, como Alma, desde todo lo que hay, y este silencio no se rompió hasta que la palabra entró en el mundo, hasta que Cristo llegó al mundo, y por fin pudieron oírse las palabras de Dios», y cada niño que nace trae la palabra de Dios impresa en su ser, y toda la criatura al nacer es palabra de Dios, y sin hablar dice todo, y los que estamos alrededor somos testigos de la palabra de Dios hecha carne, y es Cristo quien nace, con un mensaje divino, con la única pretensión de hacer la voluntad de Dios, y por eso estamos preparándonos, con Simón y con Alma, y con nuestros padres y abuelos, y ancestros que nos siguen enseñando, y algún día tú enseñarás de lo que has visto de dónde vienes, de Él, para luego volver a Él, como nosotros, y ahora buscamos no pensar en nada, en silencio y soledad, «Porque querría que todo estuviera vacío, eso, vacío y silencioso, sí, silencioso y oscuro, como donde vives, porque ahora lo único que deseo es silencio, un silencio absoluto, que caiga sobre mí un silencio como cae la nieve, y que me cubra, pues sí, que caiga un silencio sobre todo lo que existe… Un silencio que me cubra, que me haga invisible… Y desaparecerán todos los pensamientos, todas las imágenes que se han acumulado en mi recuerdo y me atormentan y yo estaré vacío, solo vacío, me convertiré en una nada silenciosa», y así estás tú, en una nada silenciosa que acompaña y que habla sin hablar, en silencio y soledad, sin pensar, y llegas a nosotros como una maestra que viene de lo invisible a nuestros ojos, para regresar nuestra mirada al origen, al Creador, y mientras habitemos este mundo, nos dediquemos a imitarlo, a hacer Su voluntad, fieles y mansos, con la alegría de tu nacimiento, que nos desborda, y nos inquieta armónicamente, y te recibimos, y queremos tenerte entre nosotros, y darte besos como quisiéramos besar a Dios, y envolverlo en nuestros pobres abrazos y caricias, y hacerlo sentir verdaderamente amado, sin interés, sin peticiones ni agradecimientos, solo por lo que es, y quien es, como te amaremos por lo que eres, solo alimentando lo que en verdad eres, como amó Alma hoy el paraguas marino que le regalamos no por el objeto que representa sino por el amor que expresa, así como Simón amó su nuevo libro sobre volcanes, no porque pueda instruirse en la vulcanología, sino por el fuego que le produce saberse amado de sus padres, y entonces todos estallar y convertirnos en lava incandescente que quema todo por donde pasa, y purifica y hace arder para cultivar las semillas que han sido enviadas por el que todo lo sabe, iluminando el vientre materno, templo sagrado que en silencio y soledad es testigo de todo y de todos; y en la noche oscura que anticipas al salir, santa Teresa Benedicta de la Cruz te llama: «Impulsados por ti los mensajeros del eterno cabalgan por el mundo y con espada afilada separan el reino de la luz del reino de la noche», y tu alma, en esa casita, se sorprende no por los ángeles que la custodian en la noche, sino por plenitud, multiplicando memorias de hermanos en un bucle de luz oculta…

XI

El pescador, como el ser que nada en el interior de mamá, quiere lanzar su atarraya: habla con la luna, habla con la playa, dice Totó la Momposina;

y Jonás estuvo tres días sumergido, inmerso en las profundidades de un cachalote, a oscuras, en silencio y soledad, y como tú, en el vientre de mamá nueve meses, sin más contacto humano que el provisto por tu madre, y su voz es lo más cercano que has tenido, desde lo humano, pero en el mundo del espíritu, quizá, ya has experimentado otros encuentros, como el que hoy tuvieron tus hermanos en un parque, y tu hermana se columpiaba, con el sol abrazando su sonrisa al fondo, y no paraba de reír, sin pensar, en silencio, y toda ella sumergida, como si el parque fuera el gran pez que tragó a Jonás, y ella en comunión con su Creador, siendo lo que es, y dejándose guiar por la voluntad de Dios, y su cabello al aire, y con la única sujeción de sus manos a las cadenas de aquello que le produce más gozo, el columpio, y más fuerte papá, gritaba, con júbilo, y préndete duro, le decía, sujétate, y ella obedecía, sabiéndose cuidada por una fuerza misteriosa que cuida a los niños, y mientras Jonás hacía una plegaria a Dios reconociendo sus faltas y la grandeza de Él, tu hermana lo escuchaba con total entrega a su designio, sé feliz columpiándote y el resto vendrá por añadidura, y tu hermano desplegaba su dominio sobre la bicicleta, y papá mira cómo me paro sobre los pedales, me decía, y yo recordaba cuando a muy corta edad se lanzaba por una pequeña cuesta, sin pensar, sabiéndose cuidado por una fuerza misteriosa que cuida a los niños, y ahora piensa por dónde va, y con quiénes puede chocar, y es cauteloso pero igual disfruta con una entrega total, y hoy empieza tu semana 38, y todo presagia que nacerás esta semana, aunque según lo que he interpretado del sueño que tuve pudiera ser el lunes de la próxima semana, con 39 semanas, y tus hermanos manifiestan que no quieren ir al colegio y que preferirían quedarse en casa, que mamá los eduque por las mañanas y papá en las tardes, y es una propuesta interesante, y vamos a pensarlo, y por lo pronto parece que entramos en una semana donde la adrenalina se convierte en la lava de los volcanes que ha descubierto Simón, y quema, y arde, y es una llama de amor viva, y las palabras son el simple respiradero por donde salen los gases volcánicos pero nunca alcanzan a describir el calor que los ha impulsado al exterior, y todo viene de adentro pero no encuentra asidero en la vida a la que estamos acostumbrados, y es un fenómeno extraordinario, y decisivo, y convoca a todos los muertos y a todos los vivos, y contigo nacen los antepasados y resucitan los amigos y vive el Cristo que se alegra por una nueva esperanza para la humanidad, y al nacer te conviertes en una oración, y es la comunión con la hostia que se deshace en la boca y nos hace partícipes del cuerpo místico de Cristo, y de la comunión de los santos, y de la reconciliación con lo que verdaderamente somos, frágiles y totalmente dependientes de la voluntad de Dios, y no hay más remedio que confiar en los que nos rodean, que te alimentarán y amarán como Dios nos ha amado, y este pequeño libro terminará el día y la hora de tu nacimiento, y en ese momento naceremos juntos, y quiero ser digno del designio que Dios me ha dado, de ser tu padre; y en la noche oscura que anticipas al salir, santa Teresa Benedicta de la Cruz te llama: «Entonces surgirá un nuevo ciclo y una nueva tierra, y todo vuelve a su justo lugar gracias a tu aliento», y tu alma, en esa casita, se despierta no por el ruido exterior, sino por plenitud, multiplicando memorias de hermanos en un bucle de luz oculta…

XII

Serbia es un país que nos resulta extraño pero existe, la composición folklórica «Pašona Kolo» nos remite a la alegría que compartimos y despierta emociones desconocidas en alguna parte del alma,

y para venir a saberlo todo no quieras saber algo en nada, manifiesta san Juan de la Cruz, y solo tienes experiencia del mundo en el que vives, en el vientre de mamá, y navegas en una luminosa oscuridad, alejada de todo y de todos y cercana al misterio de lo creado, y creces en la pureza y limpieza de anhelos o gustos, y de sueños o ilusiones, y de sabores o sinsabores, y simplemente eres y creces con lo que tienes alrededor, y dependes totalmente de tu madre, y te alimentas gracias a ella, y creces en ella, sin nada pero alimentándote de lo que Dios te revela por ser su criatura amada, como todas las criaturas que tienen su albergue en la casa sagrada, en el templo que ha sido construido en mamá, y el cuerpo de la mujer se estira, y casi se rompe, y se desgarra, e incluso se abre y es cortado para que la amada de Dios salga a cumplir una misión, como una más entre todos los que han pasado por la «humanidad», en el planeta, y sin embargo solo basta que te dediques a vivir abundantemente con osadía y libertad de todo lo que quiera nombrar a Dios, tanto para seguirlo como para alejarse de Él, y en cada persona que ha vivido Dios ha puesto una semilla de su propio jardín, y algo ha germinado de todas, como tú que te estás gestando, y a pocos días de nacer sigues creciendo, y aflorará en tu vida algo de lo impregnado por el Creador, y quizá todo y entonces nos ayudarás a tus hermanos, y a tu mamá, y a mí y a la humanidad entera a olvidarse de los espejismos que desean ser para trabajar por la realidad que en verdad son, y la proximidad de tu llegada nos recuerda a los sabios de oriente que vienen a visitar al Niño Dios, y el nacimiento de una criatura como tú, creada por Dios con su amor y sabiduría, alimenta al hombre nuevo y fortalece el camino casi vano que deambulamos a diario, sin horizonte en lo divino, esquivo de la eternidad y anhelante de lo perecedero, y sin embargo tú simplemente llegas a mirar, y a escuchar, y a reconocer a tus hermanos, y a tu madre y a tu padre, y las voces cercanas que percibiste con tu alma, y aún a los que viven lejos pero que te llevan en sus corazones, y aún a los que están muy lejanos, y prisioneros algunos, y extranjeros otros, que sonríen por solo saber que estás llegando, y eres un fruto maduro de los que han llegado y los que vendrán, y quizá falte un día y medio para que mueras a tu vida en el templo sagrado donde te encuentras para vivir expuesta a los ojos de una vida cautiva y a veces extraña con interrogantes que ya han sido despejados, y si naces el miércoles, será de Ceniza, como yo que nací en la noche del tercer día de la semana el tercer mes de un año bisiesto, como este, y sería un signo revelado, aunque ya eres una revelación, como cada criatura amada por Dios que ha recibido su aliento divino; y en la noche oscura que anticipas al salir, santa Teresa Benedicta de la Cruz te llama: «¿Eres tú el maestro constructor de la catedral eterna que se eleva desde la tierra a través de los cielos?», y tu alma, en esa casita, se sostiene no por el esfuerzo de tu piel, sino por plenitud, multiplicando memorias de hermanos en un bucle de luz oculta…

XIII

El bambuco es un ritmo colombiano que irradia belleza, describe la vida con la pelota de trapo, el barquito de papel y los juguetes del pasado… Todo regresa siempre,

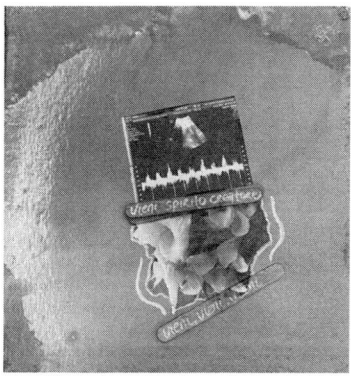

y mañana es Miércoles de Ceniza y también el Día del Amor y la Amistad, y tu madre dice que si llegas al fin de semana es un milagro, y buscarás la salida a la brevedad, porque es tiempo de nacer, y todos queremos nacer de nuevo, y volver a vivir para no cometer los mismos errores, y quizá algunos no quiten nada a sus vidas, y las vivirían igual desde el embarazo hasta los años dorados, y sin embargo, otros casi que borrarían su nacimiento, y no quisieran haber nacido, y no soportan su existencia, y quizá tenga que ver con el desconocimiento de su Creador, aquel que los conoce mejor que ellos mismos, y cambiarían todo, sí, todo lo que han vivido, y evitarían experimentar la soledad en los momentos que sufrieron alguna situación traumática, así como las torturas infligidas por sus progenitores, y solo deseamos que tú puedas experimentar el amor de Dios en todas sus dimensiones, aún en los momentos más complejos y oscuros que puedas vivir, y aquí estamos dispuestos a darte todo lo que necesitas para descubrir tu verdadera misión con lo que eres, y ahora habitas una oscuridad luminosa, en silencio y soledad, sin pensar, y escuchas todo, y cada pregunta de tu hermano y cada susurro de tu hermana, y los sentidos en la casa sagrada, aunque están en camino de alcanzar su estatus más elevado, ya absorben información suficiente y la envían al centro interior, al oído interno que está extasiado escuchando las maravillas del Señor, y cada vida viene de la eternidad y va hacia la eternidad, y contiene un toque de sabiduría suficiente para hacer que todo se conduzca por el rumbo natural, y nadie tiene que ganarse nada, y Él da todo, y se da todo sin esperar nada de la criatura, y llena eres de gracia, y recibe, hasta el último segundo en la que ha sido casita de tus hermanos, y los tres tenéis mucho para compartir, y para recordar, una experiencia celestial que los une, y la hermandad del amor, como decía sor Isabel de la Trinidad, «Creer que un ser que se llama El Amor habita en nosotros en todo instante del día y de la noche y que nos pide que vivamos en sociedad con Él, os lo confío, es lo que ha hecho de mi vida un cielo anticipado», y este cielo en el que vives te ha venido guiando en la intimidad, y eres reina con el rey, y estáis unidos donde otros ya se unieron, viviendo a la saga del encuentro, sí, de encuentros que atraviesan nuestra existencia y dejan huellas eternas, y quizá son la eternidad misma, y El verbo se hace carne en ti nuevamente, y tu crecimiento en el templo más interior que existe, y no hay lugar en la creación donde se pueda contemplar con más serenidad la palabra de Dios, y todo se siembra para siempre, y llegarán los seres, escogidos por Dios, para recordarte la experiencia que ya casi termina; y en la noche oscura que anticipas al salir, santa Teresa Benedicta de la Cruz te llama: «Por ti vivificadas las columnas se elevan hacia lo alto y permanecen inamoviblemente fijas, selladas con el nombre del eterno, se elevan hacia la luz, sosteniendo la cúpula, que cubre cual corona la santa catedral», y tu alma, en esa casita, se fortifica no por los conocimientos que adquiere, sino por plenitud, multiplicando memorias de hermanos en un bucle de luz oculta…

XIV

Taizé es un lugar en Francia, cien monjes acompañan el camino de los peregrinos que pasan en búsqueda de la verdad; de noche iremos, que para encontrar la fuente…

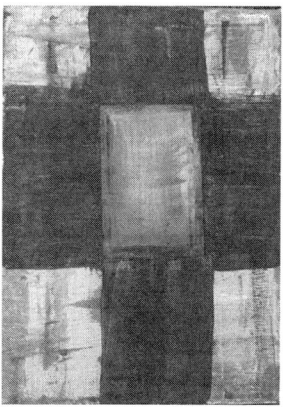

y la cuaresma ha empezado, y dice la palabra de Dios que «Él ve en lo secreto», y está escondido en nosotros, quizá en cada célula, y habita nuestro ser, y es el inquilino que a la vez construyó y diseñó la morada donde vive, y ahora está presente contigo en tu madre, y vive con las dos, mientras te sigue susurrando acerca de sus proezas con los más oprimidos y descartados, y consiente a tu madre, y le hace llevadero su estado, y sus pies hinchados, y su incomodidad con la acidez y el reflujo son nada en comparación con la dicha de estar llena de gracia, y aunque el dolor y los malestares son reales, ¡una palabra tuya basta para sanarla!, y el 21 de septiembre del 2012, mientras yo estaba en Jerusalén, regresando a la iglesia católica, el papa de ese entonces, Benedicto XVI, estaba en la plaza de San Pedro diciendo: «"Sursum corda", elevemos nuestro corazón fuera del enredo de nuestras preocupaciones, de nuestros deseos, de nuestras angustias, de nuestra distracción, nuestro corazón, el interior de nosotros mismos, debe abrirse dócilmente a la Palabra de Dios y recogerse en la oración de la Iglesia, para recibir su orientación hacia Dios», y ese día era Yom Kippur, la fiesta de la purificación para el pueblo judío, y a mi lado estaba la mensajera nórdica, arrodillada y sumida en un rezo, y esa imagen, la de ella arrodillada y completamente sumida en su rezo, y el recogimiento y la fuerza que emanaba de la mensajera, ese martes sobre las 6 de la tarde, me había dicho mucho y no dudé en regresar a casa, y aquel día un padre italiano ofició la misa, la más breve a la que haya asistido, recuerdo que duró 20 minutos, y dije para mis adentros que el padre no había dicho nada, y acto seguido, la mensajera sale de su trance orante y se voltea a mirarme y dice que es la misa más sublime a la que había asistido en toda su vida, y hoy estuve en la misa de inicio de la cuaresma, tiempo de purificación y oración y caridad, y el oficiante también era un padre italiano, y la misa duró una hora y media, la más larga que he presenciado, y un profesor se me acercó

y me dijo: ¡Una hora y 20 minutos!, y yo le dije: es la segunda mejor misa en la que he estado en toda mi vida, y
al salir estuve pendiente de tu madre, y le escribí y le pre-
gunté si tenía contracciones y respondió, no, y ella fue a
una iglesia para ponerse la ceniza, y los sacerdotes dicen
«Conviértete y cree en el evangelio», y tú que estás en su
vientre, ¿sientes ese poder?, y ya estás convertida en persona y unida en amor con Dios, y hablas con Él, y estás escondida con Él y en Él, como dos amantes, sin ser vistos,
invisibles ante los mortales ojos de todos, y con seguridad
cuando estuve en el vientre de mi madre Él me sedujo, y
me mostró el camino, y susurró a mis oídos su voluntad
para mi vida, y aunque me equivoque allí está Él condu-
ciéndome, sin importarle lo que haga ni piense ni diga,
y todo conduce a Él, y es su creación, y somos invitados
pasajeros, y así como vinimos nos vamos, y la única manera de estar a gusto es saber que hoy es un gran día, un
día de esos en los que sucede algo, como dice Fosse en su
«Septología», «pasan días y días, y es como si el tiempo
simplemente pasara, pero luego sucede algo, y entonces
el tiempo pasa despacio, y ese tiempo, el que pasa despacio, no desaparece, sino que se convierte en un acontecimiento», y hoy ha habido un acontecimiento para tus
hermanos, y han celebrado el Día del Amor y la Amistad,
y recibieron muchos chocolates, y tu hermana hizo una
corona de corazones y una tarjeta para papá y mamá, y tu
hermano hizo un corazón que camina, como el tuyo que
camina hacia nosotros, y de repente, tu vida, que es una
con Dios, parece que se vuelve frágil, y llegarás sin saber
hablar ni caminar a pesar de saber tantas cosas de la
vida humana y divina, y de tener información valiosa
que cualquier gobierno quisiera tener, y dependerás

totalmente de nosotros, y estamos preparados, con la ayuda de la voluntad de Dios, para intuir todo lo que necesitas, y ora por nosotros, desde el vientre materno, y ora por nuestra fragilidad y debilidad, y dile a Dios que a veces nos perdemos, y pensamos mucho, y pasan los días sin acontecimientos y el tiempo simplemente desaparece, y esperamos mucho pero vivimos poco, y ora para que al lado tuyo y de tus hermanos no falte nada, y para que veamos todo y no necesitemos nada, porque en ti y en tus hermanos está reflejada la voluntad de Dios, y tus hermanos han escogido un muñeco para dormirse, y Simón escogió el elefante que le regalé cuando nació y Alma una muñeca de trapo que le trajo la abuela, y faltan cinco días para el día que apareció en mi sueño como posible fecha de tu nacimiento, y tu hermano dijo que nacerías mañana; y en la noche oscura que anticipas al salir, santa Teresa Benedicta de la Cruz te llama: «¿Eres tú quien creó el claro espejo, cercano al trono del altísimo, como un mar de cristal en donde la divinidad se contempla amando?» y tu alma, en esa casita, se contempla no por su mirada, sino por plenitud, multiplicando memorias de hermanos en un bucle de luz oculta…

XV

Arvo Pärt, con el salmo 131, exhorta a hacernos como los pequeños y esperar con paciencia…

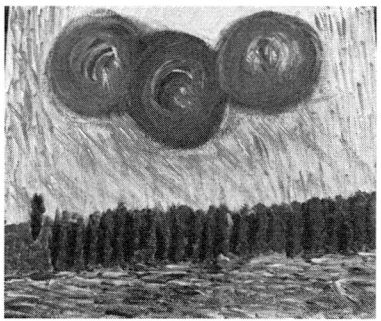

y María del Karmel, hay mucho de Dios en ti, y estás descendiendo del cielo como un avión que empieza a bajar antes de aterrizar y el capitán anuncia que se inicia el descenso, y están a 8000 millas y la velocidad aumenta, y los ruidos son más audibles, y algunos que venían durmiendo despiertan poco a poco, y el vuelo ha sido largo, y a lo lejos se ven las montañas que poco a poco se acercan, y se anuncia el nombre del aeropuerto y el clima que hace, y los pasajeros se alistan para aplaudir por el vuelo, y aquí estamos, en tierra, con nuestro corazón en las alturas, contigo, y eso que es Dios ahora viene en forma de ti, y en forma de lo que eres en verdad, y de lo que Él es en verdad, y así es, y formas parte de Dios y al mismo tiempo eres tú misma, y hoy fue el último día que escuchamos tus latidos del corazón a través de una máquina, y allí estaba tu hermana, y se comió tres chocolates que le ofreció la doctora, y me dijo: papá me las comí todas, sí, papá, me las comí todas; y tiene la boca llena de chocolate, y hoy fue la última vez que te vimos por resonancia, una imagen que no eres pero que te ubica dentro de mamá, en la casa sagrada que ya siente lo mismo que los pasajeros del avión a punto de terminar el viaje, y siempre escondiste el rostro, como Dios que está escondido en cada parte de la creación, y es un artista que pinta sus obras y esconde secretos y misterios en ellas, como en ti que ha dejado su huella, y tus huellas tienen información de la eternidad, como cada cosa que hace un niño durante el día, y tu hermana venía sentada en el puesto de adelante en la camioneta, comiéndose otros dulces, y ocupaba otro lugar, como una grande, y los niños quieren crecer rápido, y ya no soy un bebé, soy una niña, dice, y claro, las niñas comen mucho dulce, y la espera es como estar en las puertas del cielo, y aguardamos por ver a Dios, y saldrá envuelto en tu forma, y debemos mirar la cruz en el nacimiento, y festejar la pascua de resurrección, y el nacimiento es la alegría del Creador; y en la noche oscura que anticipas al salir, santa Teresa Benedicta de la Cruz te llama: «Tú te inclinas sobre la obra más bella de la creación, y resplandeciente te ilumina con tu mismo esplendor», y tu alma, en esa casita, se sonroja no por su propia belleza, sino por plenitud, multiplicando memorias de hermanos en un bucle de luz oculta…

XVI

«Stabat Mater dolorosa»: una obra íntima y melancólica,
acompaña la soledad del no nacido, solo recibe; empatía
de Vivaldi con los huérfanos de humanidad,

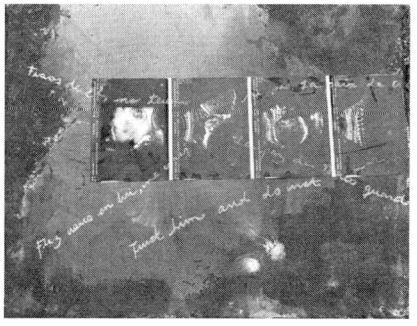

y estamos en el océano de lo inefable, donde no sabemos
nada, y al recoger a Alma del Karmel en el colegio, una
profesora la sienta en su silla y cierra la puerta y comien-
zo a hablar con ella, ¿qué te dieron de refrigerio?, y ella
sonríe, en silencio, y trato de adivinar, ¿una fruta?, y ella
asiente, y empiezo a decir nombres de frutas, melón, y
pera, y manzana, y mango, y fresas, y sandía, y sonríe y
asiente, y está pensativa, y al igual que contigo no sabemos

nada, ¿qué pensará?, ¿será que tu lugar y llegada pueden causar algo en ella?, y los hermanos deben amarse, y acompañarse, y los adultos podemos comprender a los niños si cada objeto que encontramos durante el día lo relacionamos con Dios, y si en cada persona vemos una huella de Él, y si en nosotros encontramos el silencio y la soledad necesarios, y ahora estás en el silencio, y en soledad, y tienes todo lo que necesitas, y buscas la salida, y debo buscar el agua bendita, y voy a bautizarte apenas nazcas, y también buscaré mañana mismo tu primer muñeco, y a tu hermano le regalé un elefantico, y a tu hermana un osito, y los muñecos en la vida de un bebé son como una oración, y acompañan en silencio, y cada muñeco es único, aunque vengan de la China hechos en serie, y cada uno tiene un valor y cuando un niño lo toma en sus brazos se vuelve un tesoro que podría revelar el sentido de nuestra existencia, y cuando tenía un año más que Simón, recibí de regalo un patito Donald y un busto de Pablo VI, una pequeña escultura, y durante muchos años me acompañaron, y los recuerdo cuando estaba en silencio y soledad y jugaba con ellos, y el patito Donald tenía un traje de marinero, y mira, terminé viajando por los siete mares, y el busto de Pablo VI presagiaba mi encuentro con la mística, y el amor por Dios y la lucha por conocerlo, y los muñecos son como la escenificación del alma, y se convierten en un lugar de encuentro, en un oráculo donde se manifiesta mucho de lo que nuestra alma es y va a encontrar, y tu hermana recibió un osito con traje de Van Gogh, en Madrid, y es probable que ella sea una artista, y ahora juega con otras muñecas a ponerle vestidos, y ella misma se cambia hasta cinco veces en cinco minutos, y tu hermano recibió un elefantico, y tiene memoria de elefante, y si recordamos el primer muñeco que recibimos y quién nos lo dio, abrimos el oráculo, y cada regalo que damos a los niños, querámoslo o no, es una huella de sus llamados y vocaciones en la vida, y no todo es la voluntad de Dios pero en todo está la voluntad de Dios, y acabo de tocar la casa sagrada donde habitas y he pensado que ese rozar la fachada de tu casita, la misma de tus hermanos, me conecta contigo, e incluso en este momento hay algo que nos une con tu gestación, y es un misterio que un día develaremos, y quizá Dios a diario nos lo revela, pero estamos distraídos y conectados, y el cordón es esa fuente de comunicación, un «objeto» misterioso, el primer juguete que sirve hasta para alimentarse, y muy sofisticado, y mañana es sábado, y tus hermanos nacieron ese día de la semana, y es curioso que los niños se tardan casi cuatro años para orientarse con los nombres de los días, y viven continuamente, sin interrupciones, y simplemente se levantan, y comen, y juegan y duermen, y no se percatan del espacio y el tiempo que habitan, y en el diálogo amoroso que sostienen en el templo sagrado debe haber un momento para contemplar la eternidad, y seguro por eso no tienen interés en saber de los límites impuestos por la humanidad, y no podríamos imaginarnos volver a Dios para contarle lo que ha sido de nuestra vida, porque seguimos viviendo continuamente como los niños pequeños, y qué va a importar qué día es hoy, pero si naces un sábado serás una trinidad con tus hermanos que tendrán en ese día una clave para resolver muchos misterios, y esa debe ser la razón por la que se sienten bien con los muñecos, porque a ellos no les interesa ni el día ni la hora, simplemente que los niños jueguen con ellos, y todo esto pienso; y en la noche oscura que anticipas al salir, santa Teresa Benedicta de la Cruz te llama: «¿Eres tú el dulce canto del amor y del santo recato, que eternamente suena en torno al trono de la Trinidad, y desposa consigo los sonidos puros de todos los seres?», y tu alma, en esa casita, se extasia no por la canción sublime, sino por plenitud, multiplicando memorias de hermanos en un bucle de luz oculta…

XVII

La casita en la que vive María del Karmel encuentra un lugar con «Las acacias», interpretada por Silva y Villalba…

y allí está Alma del Karmel, «Pez, pez, agua en la cabeza; pez, pez, agua en la nariz», y Simón del Karmel expresa que quiere jugar a la raqueta y se escucha su voz, igual que la de mamá, y se conjugan las voces, y el cuarto se vuelve una sinfonía con sus voces, ¿y tú?, también tienes una voz, la que habla, en diálogo amoroso, con Dios, y es otra voz, y pienso que primero empezamos hablando con nuestra propia voz, la voz del alma, y así debe ser, y luego la voz empieza a tomar forma humana y Alma aprende a hablar, y empieza un juego a la par con el juego, el juego con la propia voz y las palabras que existen como un aliento que nace espontáneamente, y las palabras nombran las cosas, y Alma sigue cantando, y Simón juega con la raqueta, y le dice a tu madre que quiere tener una casa con una cancha de tenis, porque allá le traje una raqueta, y a Alma también, y ya quiere ser jugador de tenis, como debe ser, porque cuando recibimos algo debemos convertirnos en una parte de lo que recibimos, como el patito Donald y el busto de Pablo VI que recibí a los seis años, y como la memoria elefántica que tiene Simón o la artista que empieza a ser Alma, ¿y tú?, y hoy mismo saldré a buscarte tu primer muñeco, y debo ser un buen pescador para tirar la red en el océano de los muñecos, y seguro Dios dirige la red, y veo a Jesús diciéndole a sus discípulos, luego de resucitado, que tiren la red a la izquierda del barco, y así lo hacen, y sacan miles de peces, y Jesús los espera a la orilla con un buen pescado asado, y ellos llegan felices con miles de peces, y tú estás nadando en la casa que Dios construyó para ti y tus hermanos, y pronto terminará tu estadía en ese lugar, porque la casa donde vivimos determina nuestra forma de pensar y allí Dios habla con nosotros, en cada rincón, en silencio y soledad, y cuanto más desasimiento y olvido de sí, más palabras escuchamos de la voz de Dios, en su idioma, el mismo que tú tienes ahora, antes de dejar esa casita sagrada en la que vives, y está llegando el tiempo de que le entregues las llaves al dueño de la casa, y parece que nadie más vivirá en ella, y quedará eternamente sin otro huésped, y estará en virginidad de visitantes nuevamente, a menos que Dios en su infinita sabiduría vuelva a otorgar las llaves a otro ser que Él necesite que llegue,

y será su voluntad, y por lo pronto nosotros alistamos
otra casa para recibirte, y está llena de cosas distintas a
las que tienes, y muchos amigos te han hecho regalos, y
aquí están Alma y Simón a mi lado viéndome escribir,
y tienen sus pijamas, y Alma con una pijama verde con
margaritas, y ella misma parece un jardín, y Simón tiene
un pantalón de rayas verticales, y una camiseta blanca, y
siguieron jugando, y sus voces están cerca como la tuya,
¿y qué tanto escuchas tu voz allí?, ¿y qué tantas cosas necesitamos en nuestras casas para ser felices?, y el escritor
ruso Tolstoi escribió un cuento llamado ¿Qué tanta tierra
necesita un hombre?, y al final dos metros cuadrados era
todo lo que necesitaba, y los espacios donde habitamos
reflejan el momento del camino en el que vamos, y podemos hacer un ejercicio, ¿qué tanto espacio vacío tienes a
tu alrededor?, ¿cuántos metros cuadrados de tu casa están sin objetos?, y tú vives en el templo sagrado de mamá
rodeada de órganos, y tejidos, y un solo objeto, que aunque hecho de tejidos y membranas, podemos denominar
como objeto, el cordón umbilical, que es el puente entre
mamá y tú, y en conclusión, tu cuerpo está creciendo en
un espacio donde cabes justa, y el crecimiento determina la necesidad de otro espacio y de otras cosas que te
acompañen, y quiere decir que a medida que crezcas
puedes y deberías adquirir pertenencias que acompañen
tu tránsito, y con el tiempo, poco a poco, irse vaciando de
lo adquirido, y quedar con lo justo, hasta regresar a Dios
con nada, porque con Él todo lo tenemos, y es tiempo de
cambiar de casa, y agradece al lugar donde has habitado
toda la vida humana que tienes, y prepárate para recibir,
y una advertencia, has estado en silencio y soledad, y sal-
drás a un mundo lleno de ruido, y de voces, y sonrisas,

y alegría que te recibirán, y por ahora, vienes como un bálsamo de eternidad que se derrama sobre cada testigo de tu nacimiento, ya sea que estén cerca o lejos, vivos o muertos, porque para todos eres un regalo, El regalo, y te empiezas a abrir camino, y es la primera gesta en medio de la gestación, y buscar y encontrar la salida, y de acuerdo a la interpretación del sueño que tuve nacerás el lunes 19 de febrero, pero eres libre de interpretaciones, y simplemente nace cuando por tus propios medios encuentres la salida, sí, busca, no te canses de buscar, pero ya puedes nacer con tranquilidad, y mueres al diálogo amoroso y privilegiado con tu Creador, pero naces al diálogo amoroso de tu familia y amigos, y en cada uno de ellos está Dios, y en ellos encontrarás las huellas del Creador, y descubrirás que cada uno es un mensajero que te ayudará a descifrar todo lo que te ha venido diciendo Dios, en silencio y soledad, y debo buscar tu muñeco, y poco a poco termina este libro, y con vértigo sin saber, y con lo que viene, sin pensar, en silencio relativo y sin soledad, y sin editar, con todos los errores que puede tener una escritura sin pensar, arrastrado por la pasión de escribir acerca de tu llegada unos días antes de nacer; y en la noche oscura que anticipas al salir, santa Teresa Benedicta de la Cruz te llama: «La armonía que aúna los miembros con la cabeza, donde cada uno encuentra feliz el sentido secreto de su ser», y tu alma, en esa casita, se descubre no por las alegrías ni tristezas, sino por plenitud, multiplicando memorias de hermanos en un bucle de luz oculta…

XVIII

Vivir en el interior de mamá es un «Misterio»; así lo hace notar el grupo Herencia de Timbiquí con la historia de la sagrada familia…

y vienes del agua, y Dios es el agua de vida, y vivimos sumergidos en Él y no queremos darnos cuenta, y buscamos un ser extraño, aquel que nos hemos construido a la medida de nuestras necesidades, el que cumple nuestros deseos o nos libera o evita que caigamos en la tentación, y nos imaginamos un interlocutor, como si tuviera una capucha negra que lo cubre, y en el mejor de los casos hablamos con la idea e imagen que tenemos de él, pero Él está envuelto de sus propias aguas y allí nos invita a nadar a su lado, y se confunde con nosotros, y se vuelve uno y disfruta habitar, en silencio y soledad, y nada, nada, nadar, y nadaremos, juntos, y nada, nada, nadaremos, juntos, y estás ahí nadando junto a Él, y te tomas el tiempo necesario, y trasciendes la semana 38, y mañana, según mi interpretación de los sueños, nacerás, y sería un 19 de febrero, y vienes del agua, y has nadado todo este tiempo en la eternidad y llegas a la parte de la eternidad donde nos reconocemos unos y otros si salimos de la imagen e idea de Dios y de nosotros mismos y nos ubicamos en la fluidez del agua de vida, y en las sagradas escrituras hablan del mar Rojo, y del mar de Galilea, que es un gran lago, y del río Jordán, y en el Génesis se dice que las aguas se separaron de las aguas, y que del jardín del Edén brota un manantial que forma la fuente de los cuatro ríos que riegan la tierra, el Pishon, y el Gihon, y el Tigris y el Éufrates, y quizá estos cuatro ríos son la sangre que circula en mamá, y la sangre que te envuelve, y la sangre de papá y la sangre del cordero, y Dios es el manantial del cual brota la vida, y vivimos sumergidos en el manantial, pero deseamos dejar de nadar en estas aguas y salimos de ellas, y estamos en la orilla, en la playa de la vida creada por el hombre, y olvidamos la vida creada por Dios, y la nada desaparece, y el abismo nos da miedo, y solo queremos estar en tierra firme, y olvidamos nuestra naturaleza celestial, y nuestra eternidad se diluye en aguas turbias, y trataremos de llevarte al océano de gracia, una y otra vez, y recordar tu origen, y adentrarnos contigo a las profundidades, jugando, y recuerdo que debo conseguirte el muñeco, tu primer muñeco, y el patito Donald era un marinero, y navego desde siempre en tus aguas y solo quiero bañarme en ellas, y tienes un olor que te es dado desde la eternidad, y nuestro olfato recibe una huella del cielo con tu presencia, y tras las paredes donde escribo está tu madre contigo, y ya casi naces, y eres testigo visible de lo invisible, y Alma está bañándose, e inesperadamente dijo que quería bañarse, temprano, y tus hermanos han estado inquietos, y estamos como en una dimensión desconocida, y es como si fueras un ser espiritual del reino que está escondido y sabemos dónde te escondes, pero ya no queremos que seas tan esquiva al tacto de nuestras manos, y eso es lo que pasa con Dios, queremos tocarlo, y hacerlo visible y darle una forma, y hablar de ti, pero olvidamos que al cerrar los ojos, en silencio y soledad, podemos contemplarlo, igual que a ti, y al nacer eres una parte de Dios visible ante nuestra débil mirada, y durante las últimas dos semanas he leído el libro de Jon Fosse, «Septología», y acabo de terminarlo, y navegamos juntos por los fiordos noruegos, y en la última parte el protagonista va en un barco, sobre las aguas, como tú, dentro de las aguas, y este tiempo hemos navegado en un barco, en la superficie, mientras tú habitas la profundidad, escondida y tan visible que queremos tocarte y olerte y escucharte, pero habitas el interior, fuera de nuestro alcance humano,

XIX

«Wiegenlied», una nana compuesta por Brahms y que se popularizó con el sonido al interior de una cajita musical,

y el sacerdote levantó la hostia, grande, entre sus dedos, y al elevarse llegó a mí un destello, como si la luz de la eternidad atravesara mi humanidad, y era como si te estuviera cargando entre mis manos, recién nacida, y atravesando nuestras existencias, como si cada uno de tus antepasados se reuniera alrededor para celebrar, y este es tu cuerpo, y en ese preciso instante un haz de luz azul invade mi paternidad, y digo para mis adentros, ora pro nobis

peccatoribus nunc et in hora, y tu llegada es inminente, y
tus hermanos continúan muy inquietos, y por ejemplo,
tu hermano, pregunta cosas en todo momento y lugar, y
ha hecho una tabla de arcilla, como en la que comenzó a
escribir el hombre, y allí escribe sus primeras palabras, y
presagian tu llegada, y los dos piden bañarse esta noche,
algo extraño, y les lleno las bañeras, y todo es agua, y están sumergidos, como tú, que sigues sumergida, y ha empezado la semana 39, y al nacer se produce un encuentro,
y dejar, y abandonar, y desasimiento, y desprendimiento,
y olvido de sí, en silencio y soledad, y abrirse paso es ma-
nifestarse ante mamá con signos que no dejarán duda, y
llegarán las contracciones, y los dolores que dan inicio a
la labor de parto, y el secreto de la vida en un nacimiento,
y dejar, y abandonar, y desasimiento, y olvido de sí, en
silencio y soledad, y la respiración es profunda y al sol-
tarse el aliento falta, y vértigo, y sentir tu llegada produce
claridad y oscuridad a la vez, y el viaje está terminando
e iniciando, y solo Dios sabe el día y la hora, y queremos respetar su voluntad, y tu hermana llora porque le
ha caído jabón en los ojos, y corro a tomar el recipiente
para dar de beber a su cabeza y rostro pero el agua está
llena de jabón y le arde, y llama a tu mamá, y tú estás ahí,
preparando tu llegada, y tu hermano se ríe, y llevo a tu
hermana a la cama y mamá la cambia al lado de la fachada de tu templo sagrado, donde habitas, el lugar que ha
servido para el diálogo amoroso con Dios, y estás prepa-
rada para salir, y tu hermano buscó la salida la semana 38
y cinco días, igual que tu hermana, y esa fecha ya pasó,
y ahora tienes dos días más que ellos en el templo sagrado, y bendito sea Dios que sabe hacerlo todo, y es posible
que estos días de más que vivas en silencio y soledad,

escondida, sin palabras, con Su palabra que hace eco y es lo único que escuchas, y antes de acostarse le conté a tu hermana que cuando vivía en Israel, un día, visité Belén, y estuve en el lugar donde nació Jesús, y la entrada de este lugar era bajita y estrecha, y al caminar en su interior se siente algo desconocido, y al pararse en el sitio donde María dio a luz, una fuerza extraña nos invade, y ahora tu madre dará a luz a María del Karmel, a ti, la tercera de la trinidad, aquella que había aparecido en un sueño en la colina francesa de Taizé, como si Dios me hubiera dicho: tendrás tres cachorritos de león, y contigo se cumple la profecía del sueño, y si naces mañana lunes, el presagio que llegó a mí justo en Miércoles de Ceniza será una realidad, y hoy vi a tu prima de dos meses de nacida, y es un bebé, y pronto serás como ella, pero ahora vives de forma diferente, y nadie te carga en sus brazos, excepto Él, que es tu todo, y ha dispuesto un templo del reino para tu estadía, y allí se debe pasar muy bien, y no te hace falta nada y lo tienes a Él como el cuidador, y el protector, y Él que te canta las nanas del cielo para que duermas, y Él que envía toda la hueste celestial para que aparezcan en tus sueños, y Él que esparce los aromas que se perciben del cantar de los cantares, y Él que vela contigo, y Él que te presenta a su hijo y a su familia sagrada para que te acompañen en este camino de humanidad, y me santiguo y respiro profundamente,

XX

«La flor de la canela», cantada por María Dolores Pradera, rozando lo inefable en lo cotidiano,

y comprendo que estás en una «pocita de amor», y en tu pequeño refugio, en silencio y soledad, escondida con tu amado, escuchando misterios, con tu alma, y mientras te espero, esta noche, Alma, tu hermana, ha venido decenas de veces a pedirme que le abriera frasquitos de pintura, y no quise invadir su intimidad y evité mirar lo que estaba haciendo, y al final había mezclado los diferentes colores sobre dos hojas, una encima de la otra, y era una obra, y quizá su inquietud por tu llegada le esté abriendo un mundo de creación ilimitado, y nada, nada en tu pocita de amor, y protegida, y llena de agua de vida, envuelta en la gracia de ser tan esperada, y sin pensar, ¿buscas la salida?, ¿alguien quisiera salir del lugar más protegido del planeta?, y todo lo tienes resuelto allí, excepto que tu crecimiento espiritual necesita de un espacio finito, y eso lo tendrás junto a nosotros, tu familia, y aquí descubrirás otra vida, extraña y confusa por momentos, y llena de inquietudes y temores, pero con la satisfacción de que cada cosa que se presente en tu camino es justamente lo que necesitas para alimentar tu eternidad, ¿y cada uno tiene una eternidad?, ¿o hay una sola eternidad y hacemos parte de ella?, y Él es la eternidad y nosotros venimos y volvemos, y al llegar transitamos, y deambulamos por momentos, y sentimos que los moldes establecidos no se ajustan a nuestra verdad, y entonces decidimos estar en silencio y soledad, sin pensar, y deseamos volver a la pocita de amor donde te encuentras,

XXI

Mawtini: el himno nacional de Iraq cantado por niños gazatíes;«Mi tierra», un clamor de libertad, desde el interior de la guerra que estamos todos llamados a librar,

y un sueño puede tener múltiples interpretaciones, y por esa razón, lo profético del mío tiene vigencia hasta mañana, M19, miércoles a las 19, y así transcurrimos este día, entre la contemplación de lo saludable y vital que puede ser para ti estar un par de días más en el templo sagrado que habitas, y es como si durmieras creciendo, mientras buscas la salida que también es entrada, a un nuevo mundo, y seguirás creciendo, y contigo tus hermanos, y compartirán diferentes estados, y tú seguirás en silencio pero acompañada, y extrañarás la soledad y buscarás el silencio, y los primeros meses dormirás, y soñarás con el mundo en el que has habitado, con tu amado, y ahora aprenderás a amar a otros, y descubrirás que las huellas del amor están en todos los seres que nos rodean, pero no todos aman igual que el amante con el que has estado este tiempo, y tu primer llanto será por la ausencia del amado, y podrás cantar con san Juan de la Cruz, Adónde te escondiste amado, y me dejaste con gemido, y serás una incansable buscadora de ese amor, y ¡oh, bosques y espesuras plantadas por la mano del Amado!, y ¡oh, prado de verduras, de flores esmaltado!, y decid si por vosotros ha pasado, y preguntarás y querrás volverlo a encontrar, hasta que un día descubras que, cuando vivieron juntos en el templo sagrado, Él se sembró en tu jardín, y la flor ha germinado, y esa es tu verdadera belleza, y allí estaremos como familia para ayudarte y acompañarte en el camino, para que cuando regreses al lugar de donde vienes puedas llegar con la misión cumplida, que ya solo en amar sea tu ejercicio de la vida, y tu naturaleza nos ayudará, como ya lo hace, y aquí estamos, esperando tu llegada, y estás en tu tiempo, y es inminente y arribarás en breve, y quizá ya nos hemos visto y nos reconoceremos, y tendremos otras apariencias, y el camino ha sido largo para llegar aquí, y nos adelantamos un poco, y en la eternidad todos los seres del universo ya nos hemos visto, sí, un día no humano ya nos hemos encontrado, y el llanto inicial de la vida por dejar al amado y no verlo como lo venías viendo dará paso a volverte una pasajerita hermosa del barco en el que navegamos, y nos hemos olvidado del amado, y ahora se ha vuelto confuso porque hemos construido ideas de Él, y cuanto más lo queremos nombrar e imponer más nos alejamos de lo que hemos vivenciado en el templo sagrado, en el que moras en este instante, y del cual es importante despedirte para llegar a nuestro encuentro, tu nueva familia, y no somos tan magníficentes ni sabios como el amado con el que has compartido, pero estamos dispuestos a derramar en ti lo que queda de Él en nosotros, y en silencio y soledad, como estaremos los primeros días,

XXII

«Oh, qué será»; antes de nacer, y en frente de este ícono, Omara Portuondo y Chico Buarque reciben, en silencio y soledad, a María del Karmel: ¡bienvenida!,

y escondida… Y hoy es el último día antes de la inespe-
rada cesárea programada para mañana, y eres un alma
que espera y nos enseña a esperar, y vives en la fuente y
reclamas estar unos días más, en el interior, en silencio y
soledad, sin pensar, y durante toda la gestación, cuando
íbamos a ver las resonancias o ultrasonidos, nunca mos-
traste tu rostro, y eres íntima, y prudente y con un tesoro
escondido, y quizá los afanes de los adultos impiden la
fluidez, que todo se dé en el tiempo que tenga que darse, y eres un ser vivo con determinación, y nace cuando

quieras, y tómate el tiempo que necesites, y lucharé, en lo posible y si no hay riesgos, porque permanezcas en Él y con Él, en el interior, y ven y compártenos de tu encuentro, y el único signo, dice Jesús, es el de Jonás, dentro de un gran pez, en el vientre de un ser que vive dentro del océano, y estamos con tu hermano luchando contra un miedo, y estamos en la clase de karate, y hace unas semanas sufrió un dolor que lo hizo llorar y desde ese tiempo no ha podido volver a la clase, y ahora está subiendo las gradas, y quiere desafiar sus miedos, y recordamos juntos la historia de David y Goliat, y tiene la fe pero es su cuerpo que teme, y se enfrenta a todo, y desde arriba dice que va a estar otro momento, como tú que con la estadía en el templo sagrado nos dices que quieres estar un momento más, ¿y tienes temor a salir?, y sin pensar, solo hay algo desde el interior, una señal de peligro, y seguro es la ignorancia de los adultos acerca de la vida de los bebés, y quizá perder la cercanía con el amado, sí, eso es, y no quieres recitar la poesía de san Juan de la Cruz, y solo quieres vivir eternamente los últimos capítulos del «Cantar de los cantares», y no te preocupes, y te acompañaremos, y haremos nuestro mejor esfuerzo, y suena a cliché y lo es, pero a veces necesitamos que todo sea más simple y hasta obvio, y solo basta con decir te acompañaré, y aquí estoy con tu hermano, y ha subido por mucho tiempo a ver la clase, y lo estoy acompañando, y hago tratos con él, y sonríe, y está en un rincón del salón, y seguiré hasta que logre vencer el gran temor que ha quedado de aquel momento donde su cuerpo se pronunció, ¿y quieres venir a ayudar a tu hermano?, porque ha llorado antes de entrar, y quiere estar en la clase, y ama la clase, y se divierte con la clase, pero su cuerpo está alerta, como tú, y lo desconocido te circunda, y habitas un mundo que enfrentas con tu amado, solo con el amado, y ha llegado la noche y me percato que el santo del 22 de febrero es Margarita de Cortona, seglar franciscana, y patrona de las parturientas, y un momento, era una mujer muy apreciada por la ayuda que brindaba a las mujeres embarazadas, antes y durante el parto, y una vez lo supe dije que hiciéramos un rosario, y tu hermano dijo que lo hiciéramos de una vez, y tu hermana también asintió, y tomamos cuatro rosarios, incluyendo el que me había regalado la mensajera nórdica, y otro que nos había entregado el fraile polaco Jarek, y el último que me dio el monje franciscano antes de casarme, y en el nombre del padre, y del hijo y del espíritu santo, hacemos este rosario por intercesión de santa Margarita de Cortona, y cada uno pide un deseo, y tu hermano ha dicho que por tu llegada, y tu hermana dijo que por su prima Layla, y tu madre dijo que cuide a toda nuestra familia y que seamos obedientes a lo que Dios quiere que hagamos, y yo he dicho que nos dé sabiduría como familia, y padre nuestro que estás en el cielo, y santificado sea tu nombre y venga a nosotros tu reino y hágase tu voluntad en el cielo y en la tierra, y danos hoy nuestro pan de cada día y perdona nuestras ofensas como también nosotros perdonamos a los que nos ofenden y no nos dejes caer en tentación y líbranos de todo mal, y tu hermano dijo que quiere pedir un deseo desde el corazón, en silencio, y tu hermana pidió cantar una canción, naranjas y limas, limas y limones, más linda es la virgen que todas las flores, y Dios te salve María llena eres de gracia el Señor es contigo bendita tú eres entre todas las mujeres bendito es el fruto de tu vientre Jesús Santa María madre de Dios y madre nuestra ruega por nosotros ahora y en la hora de nuestra muerte, y amén…

María del Karmel, tu llegada no es fin, sino conjunción eterna, donde el vientre-templo se abre al mundo como arca liberada, y la trinidad familiar, en silencio y soledad, multiplica en luz oculta, sin pensar, solo recibiendo la gracia que fluye, y que el lector, en su propio desierto, encuentre el cordón que une su historia a la tuya, eco de eternidades compartidas.